基本調味料で作る 体にいいサラダ

齋藤菜々子

はじめに

母が作るサラダのドレッシングは、油、酢、塩やしょうゆなどを混ぜるだけ。いつだって手作りでした。「買うより安いから節約よ、節約！」なんて母は言っていましたが、旬の野菜の味や香りをしっかりと感じることができる母のサラダは、私の食の幸福な原体験として、深く記憶に刻まれています。

スーパーマーケットに行けばたくさんのドレッシングが並んでいます。選ぶのは楽しいものですが、反面、1本買えばしばらくは同じ味が続きます。その味つけは強く、濃く、たとえ野菜を代えても、全体の印象はあまり変わりません。それはまるで、野菜ではなくドレッシングを食べているかのよう。

サラダはごくごくシンプルな料理です。主役はもちろん野菜ですが、だからこそ、その主役を引き立てるドレッシングの役割は決して小さくありません。大事なのは野菜を存分に味わえること。そのためにはやはり、野菜にぴたりと合うドレッシングを、その都度作るのがいちばんだと思うのです。

とはいえそんなに手間はかけられません。そこで本書では、いつもの調味料を合わせて、ドレッシングを少量ずつ作ります。同じ野菜でもドレッシングとの組み合わせによってまた新たなおいしさを楽しむことができ、酸味や塩味《えんみ》のバランスは、好みで調整することができます。もう、「ドレッシングが切れてる！」と焦らなくても大丈夫。ご自宅にある調味料を使って、飽きのこないおいしいサラダがいつでも作れます。

ベーシックな葉野菜のサラダからホットサラダ、肉や魚を使った主菜サラダ、ごく簡単なあえものまで、バラエティ豊かに取りそろえました。季節や献立に合わせつつ、そのときどきのおいしい野菜で楽しんでみてください。レシピのポイントとなる食材に薬膳の効能をマークで示してあるので、参考にしつつ、体調に合ったものを作るのもよいでしょう。

体にいいのはもちろん、見た目にもおいしいサラダたち。食卓に花を添えるように、そのひと皿を並べてみてください。

齋藤菜々子

もくじ

塩のサラダ

しょうゆのサラダ

この本の「基本調味料」について

この本では多くの家庭で常備しているであろう、これら8種の調味料を「基本調味料」としています。どのレシピでも、ここに油のこくや、レモン果汁などの酸味、にんにくなどの風味を加えるだけで、さまざまな味わいを生み出すことができます。とりたてて高価なものを使う必要はなく、いつも使っているもので構いません。

◎塩

ミネラルやうまみを多く含む**粗塩**を使用。さらさらの精製塩を使う場合、レシピの分量だと塩辛くなりやすいので量を控えめにして味をみながら調節してください。

◎しょうゆ

濃口しょうゆであれば普段使っている好みのもので大丈夫です。

◎みそ

塩分12%前後の**信州みそ**を使用しています。好みのもので構いませんが、商品によって風味や塩分が変わるので、味をみて量を調節しましょう。

［ 基本調味料で作るから… ］

① すぐに作れる！

特別な調味料は必要ないので、いま家にあるものでパパッと作れます。しかもその組み合わせは無限大。決まった調味料でも、さまざまな味を生み出すことができ、飽きることがありません。

② ヘルシー！

調味料は最小限しか使っていません。一から自分で作るので、塩分も糖分も調整可能です。自分の健康状態や好みに合わせてカスタマイズしてください。おなじみの調味料で作ったものですから中身も安心です。

③ 経済的！

ドレッシングはサラダの必需品ですが、本書のレシピを活用すれば、市販のドレッシングを買わずに済み、必要なぶんだけを、手持ちの調味料で作ることができます。また、配合の違いや＋αの食材によってさまざまな味が楽しめます。

◎酢

まろやかな酸味で、和食に重宝される**米酢**を使用。よりすっきりとさせたい場合は、穀物酢を使用しても問題ありません。

◎砂糖

風味とこくのある**きび砂糖**を使用しました。上白糖でも構いませんが、甘みがやや強く出ます。

◎酒

清酒（日本酒）がおすすめです。おもに肉をゆでる際に加えて、臭み消しとして使用しています。

◎みりん

本みりんを使うようにしてください。ドレッシングに使うときは電子レンジで加熱し、アルコールを飛ばしてから使用しましょう。

◎こしょう

おもに香りにアクセントのある**粗びき黒こしょう**を使用しています。肉や魚の下味には粉状のこしょうを使用しても大丈夫です。

「ドレッシング」について

基本構成は〈油＋酸味＋塩味《えんみ》〉。ここに＋αとしてほかの調味料や食材、辛みなどをたすと、味に変化がつきます。

塩味

力強さを与え、味のベースになる

本書では塩、しょうゆ、みそを使用。この3つの調味料は油、酸味との相性がよく、和風、洋風、中華風などのサラダに応用可能です。

＋

酸味

味が締まり、メリハリがつく

酢とレモン果汁を使用しています。レモン果汁は生のレモンを搾るのがおすすめですが市販品でもOK。好みでワインビネガーやバルサミコ酢、黒酢などで代用すると味の幅が広がります。

＋

油

乳化するととろみがつき、なじみやすくなる

おもにエキストラバージンオリーブオイルとごま油を使用。オリーブオイルは風味が強すぎないほうが、食材と合わせやすくなります。ごま油は茶褐色の一般的なものでOK。

＋α

味のアクセントや風味づけに

砂糖や粗びき黒こしょう、にんにく、しょうが、ごま、赤唐辛子、ヨーグルトなど。これらをドレッシングに追加すると味に個性が出て、バリエーションが広がります。

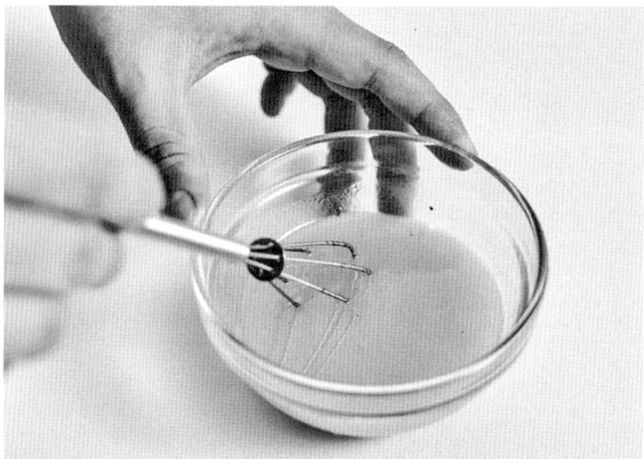

混ぜるときは、分離しないように油をしっかり乳化させることがポイントです。油以外の材料を小さめの泡立て器で均一になるまでよく混ぜ、粒状の調味料（塩や砂糖など）を溶かしたら、油を加え、しっかり混ぜて全体になじませ、乳化させます。小さめの泡立て器がない場合は、清潔な空き瓶などに入れ、ふって混ぜてもOK。スプーンやフォークではしっかり混ざりません。

［ この本の使い方 ］

- 野菜などの分量は基本的に皮や種などを含んだものです。正味のものは、正味と記載しています。また、洗う、皮をむくなどの基本的な下準備を済ませてからの手順となっています。
- レモン等の柑橘類はポストハーベスト農薬不使用のものを使ってください。
- 電子レンジは600Wのものを使用しています。
- 大さじ1は15㎖、小さじ1は5㎖、ひとつまみは指3本でつまんだくらいの量です。

「水け」について

サラダの失敗の原因の多くは水っぽくなって味がぼやけてしまうこと。洗った野菜はしっかり水けをきりましょう。

葉野菜などは洗ったあと、サラダスピナーを使うのがおすすめ。手軽にしっかりと水けをきることができます。安いもので構わないのでぜひ手元に置いておいてください。なければペーパータオルでよく水けを拭き取りましょう。

大根やかぶ、きゅうりなど、水分の多い野菜は、塩もみすると余分な水分が抜け、味も入りやすくなります。しんなりしたら両手で握って、しっかり水けを絞ってください。

「葉野菜」について

レタスやグリーンカール、サニーレタスなど、葉野菜の基本的な扱い方を知っておくとサラダがよりおいしく仕上がります。買ってきたらすぐに水に浸し、丁寧に保存しましょう。みずみずしさをキープできます。

① 葉を1枚ずつはがし、水に浸して30分ほどおく。

② 葉がパリッとしたらサラダスピナーに移し、水けを飛ばす（またはペーパータオルで水けを拭く）。

③ 濡らしてよく絞ったペーパータオルを保存容器に敷き、葉野菜をのせる。濡らしてよく絞ったペーパータオルをさらに重ね、ふたをして野菜室で保存する（ジッパーつき保存袋を使う場合は、濡らしてよく絞ったペーパータオルで葉野菜を包んでから入れる）。ペーパータオルは2日ごとに取り替え、4〜5日を目安に使いきる。

基本のサラダ

こうした点を踏まえて作る基本のレシピがこちら。たいていの野菜に合います。

［材料と下準備］ 2人分

グリーンカール
…葉2枚（30g）
▶食べやすい大きさにちぎる

ベビーリーフ…20g

スナップえんどう
…3〜4個
▶筋を取り、3分ほど塩ゆでにし、冷水に取って冷まし、水けをきって縦半分に開く

ミニトマト…3〜4個
▶縦半分に切る

ディル（好みで）…適量
▶葉を摘む

ドレッシング

A 酢…大さじ1/2
　塩…ふたつまみ
　粗びき黒こしょう…適量
オリーブオイル…大さじ1
▶Aを均一になるまで混ぜ合わせ、オリーブオイルを加えてよくなじませる

1 ボウルにグリーンカール、ベビーリーフ、スナップえんどう、ミニトマト、ディルを入れて混ぜる。

2 器に盛り、ドレッシングをもう一度よく混ぜてからかける。

葉野菜は手でちぎったほうがドレッシングがからみやすく、食感もよくなります。特に鋼の包丁で切ると変色しやすいので避けましょう。

「薬膳」について

温 体を温める

冷えた体を温めます。寒さで体が冷えたとき、冷え性の方、腹痛になりやすい方に。

【おもな食材】
鶏肉、鮭、まぐろ、玉ねぎ、ディル、にら、にんにくなど

冷 熱を冷ます

熱くなった体を冷まします。味の濃い食事が多い方や吹き出ものが出やすい方に。または、ほてりやすかったり、寝つきが悪い方にも。

【おもな食材】
豚肉、アスパラガス、きゅうり、ズッキーニ、セロリ、豆苗、トマト、なす、豆もやし、レタス、のり、わかめなど

力 パワー補給

疲れやすかったり、だるくてやる気が出ない方、病気になりやすい方に。食後の眠気が強いときや、汗がなかなか止まらない方にも。

【おもな食材】
牛肉、鶏肉、豚肉、鮭、まぐろ、えび、たこ、納豆、かぶ、じゃがいも、スナップえんどう、長いも、エリンギ、しめじなど

安 ストレス解消

怒りっぽかったり、憂鬱だったりして、精神的に不安定な方に。または、のどや胸が詰まる感じのある方、頬が引きつる方などにも。

【おもな食材】
めかじき、青じそ、キャベツ、香菜、春菊、セロリ、大根、トマト、長ねぎ、バジル、ピーマン、みょうが、オレンジ、レモンなど

薬膳と聞くと生薬などを使った特別な料理を想像される方もいらっしゃるかもしれませんが、実は身近な食材で、無理なく作ることができる料理でもあります。

　薬膳の大本にあるのは中医学と呼ばれるもの。中国で培われてきた古い歴史を持つ医学です。その考え方はとてもシンプル。「そのときの自分の体に合うものを食べること」。

　薬膳は病気の治療食としてだけでなく、健康な人が病気にならないための予防医学としての役割もあります。食事を通してセルフケアをするイメージです。食材が持つ効能によって、暑いときは冷まし、冷えているときは温め、たりないときは補い、過剰なときは排出する。バランスをとることを心がけてくだされば、大丈夫です。

　今回は日本人によくみられる体質に合わせ、食材が持つ薬膳の効能を基本の6つとその他に分けました。多く

水 水分代謝

むくみやすい方に。食後の眠気が強い方、よくめまいがする方、下半身が冷える方にも。

【おもな食材】
緑豆春雨、キャベツ、きゅうり、里いも、香菜、大根、玉ねぎ、なす、白菜、豆もやし、水菜、レタス、のり、わかめなど

潤 体を潤す

肌や口、のどが乾燥しやすく、たんやせきが出る方に。風邪をひきやすい方、便秘がちな方にも。

【おもな食材】
豚肉、卵、豆腐、チーズ、ヨーグルト、オクラ、きゅうり、ズッキーニ、トマト、長いも、にんじん、ほうれん草、ごまなど

の人がお悩みの症状をピックアップし、それらに対応する食材も記載しています。

食材はさまざまな効能を持ち合わせていますが、薬膳を気軽に取り入れてもらおうと、本書ではレシピのポイントとなる材料に上記のような効能マークを入れました。ぜひ参考にしてみてください。

その他にも

マーク	効能	こんな人・症状に	おもな食材
解	デトックス	老廃物が溜まっている（食べすぎが続いている、体が重い、排泄回数が少ない、むくみやすい、経血にかたまりが出るなど）	豆腐、緑豆春雨、青じそ、きゅうり、里いも、セロリ、豆苗、にんにく、パセリ、しめじなど
免	免疫力アップ	風邪をひきやすい	青じそ、香菜、しょうが、長ねぎ、ミントなど
齢	アンチエイジング	老化現象全般（骨や髪、肌などの老化、足腰の弱まりなど）	鶏肉、豚肉、鯛、えび、長いも、にら、ブロッコリー、黒ごまなど
腸	便秘解消	便秘	納豆、ヨーグルト、オクラ、小松菜、ほうれん草、水菜、レタス、しめじ、まいたけなど
消	消化を助ける	胃もたれ、胸やけ、食欲不振、食後の眠気が強い	鮭、かぶ、キャベツ、じゃがいも、大根、玉ねぎ、トマト、長いも、にんじん、ピーマン、ブロッコリー、レタス、れんこん、レモンなど
血	血を作る	貧血、肌のくすみ、めまい、動悸、不眠、爪が弱い、朝方足がつる、精神不安、月経不順	牛肉、まぐろ、たこ、卵、にんじん、パセリ、ほうれん草、しめじなど
流	血流をよくする	目の下にくまが出やすい、顔色が黒っぽい、思考力の低下、月経痛が重く血のかたまりが出る	鮭、玉ねぎ、なす、にら、バジルなど

塩
のサラダ

ツナ、じゃがいも、
ブロッコリーのサラダ
→ P14

ゆでキャベツと青じそのサラダ
→ P14

ゆで卵、スナップえんどう、
アボカドのサラダ
→ P15

ツナ、じゃがいも、ブロッコリーのサラダ

食感の組み合わせが楽しい栄養満点サラダ。
ツナには体を温める効能もあります。

［材料と下準備］ 2人分

ツナ缶（油漬け）… 1缶（70g） 力 血
▶缶汁をきる

じゃがいも … 1個（150g） 力 消
▶ひと口大に切り、水に10分ほどさらして水けをきる

ブロッコリー … 1/2株（180g） 齢
▶小房に分ける。茎は厚めに皮をむき、横に幅1cmに切る

A レモン果汁 … 小さじ2
塩 … 小さじ1/4
オリーブオイル … 小さじ2

粗びき黒こしょう … 適量

1 鍋に湯を強火で沸かし、じゃがいもを入れ、弱めの中火で7〜8分ゆでる。ブロッコリーを加え、さらに4分ほどゆで、いっしょにざるに上げて水けをきる。

2 ボウルに**A**を入れてよく混ぜ、**1**とツナを加えてあえる。

3 器に盛り、粗びき黒こしょうをふる。

・じゃがいもをゆでる際、まわりが煮くずれそうだったら先に取り出しましょう。竹串を刺してみて、すっと通るようになったらOKです。

ゆでキャベツと青じそのサラダ

新鮮なおいしさがある組み合わせ！
キャベツの大量消費にもぴったり。

［材料と下準備］ 2人分

キャベツ … 1/4個（250g） 安 腸 消
▶ひと口大に切る

青じそ … 5枚 安
▶ちぎる

A 酢 … 小さじ2
塩 … 小さじ1/4

ごま油 … 大さじ1

1 鍋に湯を中火で沸かし、キャベツを1分30秒ほどゆで、ざるに上げて水けをきり、広げて冷ます。

2 ボウルにキャベツとごま油を入れて混ぜ、**A**と青じそを加えて混ぜる。

・キャベツは広げて冷ますと水けが飛びやすく、味がぼやけにくくなります。
・水分の多い春キャベツを使用するときは、ゆで時間を短めにしましょう。

ゆで卵、スナップえんどう、アボカドのサラダ

卵、豆、アボカドの色味が美しい
春らしさがあふれるサラダです。

［材料と下準備］ 2人分

ゆで卵 … 2個
▶4等分の輪切りにする

スナップえんどう … 10個　力　消
▶筋を取る

アボカド … 1/2個　力　腸　消

A レモン果汁 … 小さじ1
塩 … 小さじ1/4
砂糖 … 小さじ1/4
粗びき黒こしょう … 適量
オリーブオイル … 大さじ1

1. 鍋に湯を中火で沸かして塩適量（分量外）を入れ、スナップえんどうを3分ほどゆで、冷水に取って冷まし、水けをきって縦半分に開く。
2. ボウルに**A**を入れてよく混ぜ、スナップえんどうを加え、さらにアボカドをスプーンですくいながら加えて混ぜる。ゆで卵を加え、さっとあえる。

・ゆで卵は、鍋に湯を沸かし、冷蔵室から出したばかりの冷たい卵をやさしく入れ、ときどき転がしながら弱めの中火で9分ほどゆで、氷水に取って冷ましたものを使用。ゆで時間は好みで調節してください。

セロリのナムル

セロリの茎はピーラーで薄切りにすると味なじみがよくなります。

［材料と下準備］ 2人分

セロリ … 1本（150g） 冷 安 解

▶茎と葉に切り分け、茎は筋を取ってピーラーで縦に細長い薄切りにし、葉はざく切りにする

A にんにく（すりおろし）… 少々
塩 … 小さじ1/4
ごま油 … 大さじ1

1 ボウルに**A**を入れてよく混ぜ、セロリの茎と葉を加えてあえる。

・仕上げにいりごま（白）をふったり、レモンを搾ってもおいしいです。

パイナップル入りキャロットラペ

定番のサラダにパイナップルの甘酸っぱさを加えて新鮮な味に。

［材料と下準備］ 2人分

にんじん … 1本　潤 消 血
▶長さ5cmのせん切りにし、塩小さじ1/4をふってもみ、15分ほどおいて水けをよく絞る

カットパイナップル（生）… 60g　消
▶厚さ5mmに切る

A レモン果汁 … 小さじ2
砂糖 … 小さじ1
塩 … ふたつまみ
オリーブオイル … 大さじ1

1　ボウルに**A**を入れてよく混ぜ、にんじんを加えて混ぜる。パイナップルを加え、さっとあえる。

・パイナップルの代わりに柑橘類やドライフルーツで作っても。

焼きなすとトマトのサラダ

夏のおいしさが詰まった食べごたえあるサラダです。

［材料と下準備］ 2人分

なす … 3本　冷　消　流

▶へたのつけ根の下に浅い切り込みを一周入れてがくをむき、縦に5～6か所切り込みを入れる

トマト … 1個　冷　消

▶2cm角に切る

みょうが … 1個

▶薄い小口切りにする

A 酢 … 小さじ2

塩 … 小さじ1/3

砂糖 … 小さじ1/4

オリーブオイル … 小さじ2

1 魚焼きグリルになすを並べて強火で熱し、皮全体が焦げるまで12～13分焼く。皿に取り出し、すぐにラップをして10分ほど蒸らす。へたを落として手で皮をむき、長さを半分に切ってから食べやすい大きさに裂く。

2 ボウルに**A**を入れてよく混ぜ、なすとトマトを加えてあえる。

3 器に盛り、みょうがを散らす。

・魚焼きグリルは両面焼きを使用。片面焼きグリルの場合はときどき上下を返し、加熱時間を長くするなどして調節を。
・みょうがの代わりに青じそや三つ葉などでも合います。

ミニトマトのナムル

さっと作れて、くせになるおいしさ！　気の利いた一品です。

塩
砂糖

［材料と下準備］ 2人分

ミニトマト … 13～15個（200g）　水　潤　消
▶縦半分に切る

いりごま（白）… 小さじ2　潤

A 塩 … 小さじ1/4
砂糖 … 小さじ1/4
ごま油 … 小さじ2

1　ボウルに**A**を入れてよく混ぜ、ミニトマトといりごまを加えてあえる。

・ミニトマトは縦に切ると水分が出にくく、味もよくなじみます。
・消化を助けるミニトマトは食欲が湧かないときにもおすすめです。

生ハムときゅうりのライスサラダ

米のサラダはイタリアやフランスで人気があります。

［材料と下準備］ 2人分

生ハム（切り落とし）… 40g
きゅうり … 1本 水
▶7mm角に切る
玉ねぎ … 1/8個 水
▶粗みじん切りにし、水に5分ほどさらして水けをきる
冷やご飯 … 150g カ 消
▶冷水で洗ってざるに上げ、水けをきる

A レモン果汁 … 小さじ2
砂糖 … 小さじ1/2
塩 … 小さじ1/3
オリーブオイル … 小さじ2

1 ボウルに**A**を入れてよく混ぜ、きゅうり、玉ねぎ、ご飯を加えて混ぜる。生ハムをちぎって加え、さっとあえる。

・ご飯はかためにに炊いたものがおすすめ。洗ってぬめりを落とすとパラパラに仕上がります。

豚肉、きゅうり、コーンのジンジャーサラダ

しっとり仕上げた豚肉入りで主菜にもなるボリュームです。

[材料と下準備] 2人分

豚バラ薄切り肉（しゃぶしゃぶ用）… 120g 冷 カ
▶大きい場合は食べやすい長さに切る

きゅうり … 1/2本 冷 水
▶縦半分に切ってから斜め薄切りにする

ホールコーン缶 … 60g 水
▶缶汁をきる

サニーレタス … 葉3枚（45g） 冷 水
▶食べやすい大きさにちぎる

ドレッシング
- A 酢 … 大さじ1と1/2
  - 砂糖 … 大さじ1/2
  - 塩 … 小さじ1/3
  - 粗びき黒こしょう … 適量
- オリーブオイル … 大さじ1
- しょうが（すりおろし）… 小さじ1

▶Aを均一になるまで混ぜ合わせ、オリーブオイルとしょうがを加えてよくなじませる

1 鍋に湯を強火で沸かして酒大さじ1（分量外）を入れ、火を止めて豚肉の1/3量をゆで、色が変わったらざるに取り出して水けをきる。再び湯を沸かして火を止め、残りの豚肉も同様にゆでて冷ます。

2 器にサニーレタスを盛り、きゅうり、コーン、豚肉をのせ、ドレッシングをもう一度よく混ぜてからかける。

・豚肉は火を止めてゆで、水に取らずに冷ますとしっとりと仕上がります。
・ドレッシングは多めに作り、冷蔵保存することも可能。その場合は清潔な保存瓶などに入れ、1週間を目安に使いきってください。肉を使ったサラダと相性がいいです。

桜えびとピーマンの香りサラダ

生のピーマンの食感が新鮮！ 桜えびがアクセントに。

塩

酢

［材料と下準備］ 2人分

桜えび … 5g

ピーマン … 5個 安 消

▶縦半分に切ってから横に幅3㎜に切る

しょうが … 1かけ

▶みじん切りにする

A 酢 … 大さじ1/2

塩 … 小さじ1/4

ごま油 … 大さじ1と1/2

1 小さめのフライパンにごま油としょうがを入れて弱めの中火で熱し、ごま油から気泡が出て、しょうがの香りが立ってきたら、桜えびを加えて30秒ほど加熱する。

2 ボウルに**A**を入れてよく混ぜ、ピーマンを加えて混ぜる。**1**を熱いうちに加えてあえる。

・ピーマンはイライラしがちなときにおすすめの野菜です。

たこと カラフル野菜のサラダ

たこの食感が楽しいさっぱりとした夏のサラダです。

塩

酢

こしょう

[材料と下準備] 2人分

ゆでたこの足（刺身用）… 80g　カ　血
- ▶薄いそぎ切りにする

きゅうり … 1本
- ▶厚さ1cmの半月切りにする

トマト … 1/2個　安
- ▶1.5cm角に切る

パプリカ（黄）… 1/4個　安
- ▶1.5cm四方に切る

A にんにく（すりおろし）… 少々
酢 … 小さじ2
塩 … 小さじ1/3
粗びき黒こしょう … 適量
オリーブオイル … 大さじ1

1　ボウルに**A**を入れてよく混ぜ、たこ、きゅうり、トマト、パプリカを加えてあえる。

・きゅうりとトマトは水分が出やすいので、食べる直前にあえてください。
・ゆでたこの足の代わりにゆでえびで作ってもおいしいです。
・好みでディルやミントなどのハーブを加えるとさわやかな風味が加わります。

マッシュルームのサラダ

新鮮なマッシュルームは生で食べるととっても美味！

[材料と下準備] 2人分

マッシュルーム … 100g　力 解 消
　▶汚れがあればペーパータオルで拭き、薄切りにする
パルミジャーノレッジャーノ … 適量
　▶チーズグレーター（チーズおろし器）などで削る
A レモン果汁 … 小さじ1
　塩 … 小さじ1/4
　▶よく混ぜ合わせる
オリーブオイル … 小さじ2
粗びき黒こしょう … 適量

1 器にマッシュルームを盛り、**A**、オリーブオイルの順にかける。粗びき黒こしょうをふり、パルミジャーノレッジャーノを散らす。

・マッシュルームはできるだけ新鮮なものを使用しましょう。
・パルミジャーノレッジャーノの代わりに粉チーズでも構いません。

グリルきのこのサラダ

たっぷりのきのこがパワーを補ってくれます。

［材料と下準備］ 2人分

まいたけ … 1パック（120g） 力 腸
▶食べやすい大きさにほぐす

しめじ … 1/2パック（75g） 力 腸 血
▶石づきを取ってほぐす

サニーレタス … 葉3枚（45g）
▶食べやすい大きさにちぎる

ドレッシング

- **A** にんにく（すりおろし）… 少々
  - 酢 … 大さじ1
  - 塩 … 小さじ1/4
  - 粗びき黒こしょう … 適量
- オリーブオイル … 大さじ1

▶**A**を均一になるまで混ぜ合わせ、オリーブオイルを加えてよくなじませる

オリーブオイル … 大さじ1
塩 … ふたつまみ

1 フライパンにオリーブオイルを強めの中火で熱し、まいたけとしめじを入れ、塩をふって炒める。全体に油が回ったら広げ、ときどき混ぜながら、あまり触らずに全体に焼き色がつくまで焼く。

2 器にサニーレタスを盛り、**1**をのせ、ドレッシングをもう一度よく混ぜてからかける。

・きのこは大腸の働きを助けるので、お通じの巡りがよくない方にもおすすめです。
・きのこはエリンギやしいたけでも。あまり触らずに焼いて香ばしさを出します。オーブントースターなどで焼いてもOK。

鯛と春菊のごま塩サラダ

特売の刺身はごまを効かせたドレッシングでサラダ仕立てに。

[材料と下準備] 2人分

鯛（刺身用・さく）… 80g　水　齢

▶厚さ5㎜のそぎ切りにし、ごま油小さじ1と塩ふたつまみをからめる

春菊 … 1/3束（60g）　安　水

▶長さを4等分に切り、茎が太い場合は縦半分に切る

長ねぎ … 5㎝

▶斜め薄切りにし、水に5分ほどさらして水けをきる

ドレッシング

A 酢 … 大さじ1
　砂糖 … 小さじ1
　塩 … 小さじ1/4
ごま油 … 大さじ1/2
すりごま（白）… 大さじ2

▶**A**を均一になるまで混ぜ合わせ、ごま油とすりごまを加えてよくなじませる

1　ボウルに鯛、春菊、長ねぎを入れてさっと混ぜる。

2　器に盛り、ドレッシングをもう一度よく混ぜてからかける。

・鯛の代わりに刺身用のすずきやゆでたこの足、いかで作っても合います。

サラダほうれん草のスクランブルエッグサラダ

朝食にぴったりの、簡単なのにボリュームあるひと皿です。

[材料と下準備] 2人分

卵 … 2個　潤　血
▶溶きほぐし、牛乳大さじ2と塩ふたつまみを加えて混ぜる

サラダほうれん草 … 40g　血
▶長さ5㎝に切る

カマンベールチーズ … 1/2個（50g）　潤
▶6等分に切る

塩 … ひとつまみ
オリーブオイル … 小さじ2
バター … 10g
粗びき黒こしょう … 適量

1 器にサラダほうれん草とカマンベールチーズを盛り、塩をふってオリーブオイルをかける。

2 フライパンにバターを弱火で溶かし、溶き卵を流し入れ、大きく混ぜながら炒める。卵が半熟状になったら**1**にのせ、粗びき黒こしょうをふる。

・卵とチーズは体を潤す食材。乾燥が気になるときにもぴったりです。

豚肉とかぶのごま酢サラダ

さっぱりとした味つけながら主菜並みのボリューム！

［材料と下準備］ 2人分

豚バラ薄切り肉（しゃぶしゃぶ用）
　…120g　カ　潤
　▶大きい場合は食べやすい長さに切る

A かぶ … 2個（200g）　カ　消
　▶薄い半月切りにする
　かぶの葉 … 50g
　▶長さ2㎝に切る
　▶合わせてボウルに入れ、塩小さじ1/4をふってもみ、10分ほどおいて水けをよく絞る

すりごま（白）… 大さじ2

B 酢 … 大さじ1
　塩 … 小さじ1/4

1　鍋に湯を強火で沸かして酒大さじ1（分量外）を入れ、火を止めて豚肉の1/3量をゆでで、色が変わったらざるに取り出して水けをきる。再び湯を沸かして火を止め、残りの豚肉も同様にゆでて冷ます。

2　ボウルに**B**を入れてよく混ぜ、豚肉と**A**を加えて混ぜる。すりごまを加え、さっとあえる。

・かぶは消化機能を助けるので、食欲がないときや消化不良が続くときにもよいでしょう。

生ハムとかぶのサラダ

生のかぶに生ハムの塩けと食感がよく合います。

塩

[材料と下準備] 2人分

生ハム（切り落とし）… 40g
かぶ … 1個（100g） 力 消
▶ごく薄い半月切りにする
レモンの皮 … 適量 安 消
▶せん切りにする
A レモン果汁 … 大さじ1/2
塩 … 小さじ1/4
▶よく混ぜ合わせる
オリーブオイル … 適量

1 器にかぶを広げて盛り、**A**を回しかけ、生ハムをちぎってのせる。オリーブオイルを回しかけ、レモンの皮を散らす。

・レモンの皮に白いわたがついている場合は、包丁の刃先でそぎ取りましょう。苦みが出ず、見た目もきれいです。
・かぶはそのままいただくので、できるだけ薄く切ります。スライサーを使用してもよいでしょう。

白菜のナムル

体がだるいときや食べすぎが続いたときにもおすすめの一品。

[材料と下準備] 2人分

白菜 … 400g 水 腸

▶軸と葉に切り分け、軸は繊維を断つように幅1.5cmに切り、葉はざく切りにする。耐熱ボウルに入れ、ふんわりとラップをして電子レンジで4分ほど加熱し、ラップを外して冷まし、水けをよく絞る

いりごま（白）… 適量 腸

A 酢 … 小さじ1
塩 … 小さじ1/3
ごま油 … 小さじ2

1 ボウルに**A**を入れてよく混ぜ、白菜を加えてあえる。

2 器に盛り、いりごまをふる。

・白菜は水分代謝を促し、腸の働きをアップさせ、体の巡りを助けてくれる野菜です。

蒸し鶏とキャベツのゆず塩サラダ

柑橘が効いた、ランチにもぴったりのパワーサラダ！

[材料と下準備] 2人分

鶏もも肉 … 1枚(300g) 温 力

▶余分な脂肪を取り除き、筋を切るように数か所に切り込みを入れ、塩・砂糖各小さじ1/2をすり込んで10分ほどおく

キャベツ … 葉2枚(100g) 安

▶長さ5㎝のせん切りにする

ゆずの皮 … 適量 安

▶せん切りにする

A 酒 … 50㎖
　水 … 50㎖

ドレッシング

B ゆず果汁 … 大さじ1
　塩 … 小さじ1/4
　粗びき黒こしょう … 適量
ごま油 … 大さじ1/2

▶**B**を均一になるまで混ぜ合わせ、ごま油を加えてよくなじませる

1 フライパンに鶏肉を皮面から入れ、**A**を注いで強火で熱し、煮立ったらふたをして弱めの中火で7分ほど蒸し煮にする。鶏肉を取り出し、粗熱がとれたら食べやすい大きさに切る。

2 **1**のフライパンに残った蒸し汁大さじ1を取り分け、ドレッシングに加えてよく混ぜる。

3 器にキャベツを盛り、鶏肉をのせてゆずの皮を散らし、**2**をかける。

・ゆずなどの柑橘類はイライラしたり、気持ちが不安定なときにリラックス効果をもたらしてくれます。
・黄ゆずの代わりにレモンや青ゆずで作ってもおいしいです。

ツナと大根のサラダ

塩もみをした大根に、ツナとオイルをまとわせていただきます。

［材料と下準備］ 2人分

ツナ缶（油漬け）… 1缶（70g）
▶缶汁をきる

大根 … 300g　安 水 消
▶薄いいちょう切りにし、塩ふたつまみをふってもみ、10分ほどおいて水けをよく絞る

A 酢 … 小さじ2
塩 … 小さじ1/3
オリーブオイル … 小さじ1

粗びき黒こしょう … 適量

1 ボウルに**A**を入れてよく混ぜ、ツナと大根を加えてあえる。

2 器に盛り、粗びき黒こしょうをふる。

・大根は、上部のほう（葉に近いほう）が辛みが少ないのでサラダ向き。
・好みで青じそをちぎりながら散らしてもおいしいです。

ハムとにんじんのサラダ

さっと作れる一品。眼精疲労に効果があります。

［材料と下準備］ 2人分

ロースハム … 2枚
　▶半分に切ってから幅1㎝に切る

にんじん … 1本　潤 消 血
　▶ピーラーで縦に細長い薄切りにする

A 砂糖 … 小さじ1/2
　塩 … 小さじ1/3
　ごま油 … 大さじ1

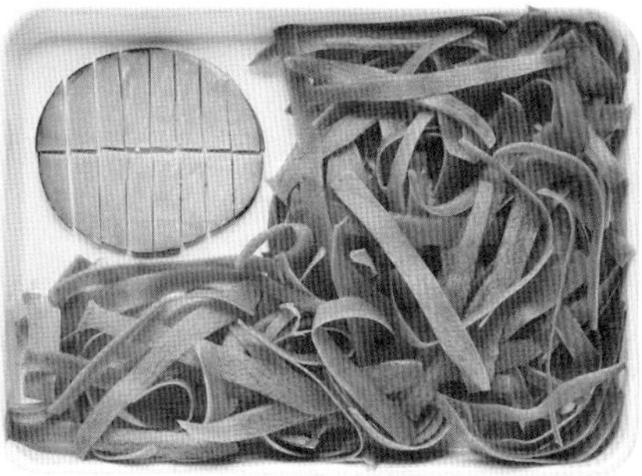

1　鍋に湯を強めの中火で沸かし、にんじんを2分ほどゆでてざるに上げ、水けをきって冷ます。

2　ボウルに**A**を入れてよく混ぜ、ハムとにんじんを加えてあえる。

・にんじんが細くなり、ピーラーで薄切りにするのが難しくなったら包丁でごく薄切りにしてください。
・にんじんは眼精疲労にもよいとされています。疲れ目、かすみ目、赤目などが気になるときにも。

シーザーサラダ

マヨネーズ不使用の
ドレッシングで作るシーザーサラダ。
とろっとした卵がおいしく、
パンとの相性も抜群です。

[材料と下準備] 2人分

ブロックベーコン … 60g
▶1cm角の棒状に切る
卵 … 1個　潤　血
▶小さめの容器に割り入れる
ロメインレタス … 葉3枚（60g）
▶長さ6cmに切る
食パン（6枚切り）… 1/2枚
▶2cm角に切る
粉チーズ … 適量
ドレッシング
プレーンヨーグルト（無糖）… 大さじ3　潤　腸
粉チーズ … 大さじ1
にんにく（すりおろし）… 少々
牛乳 … 大さじ1/2
酢 … 小さじ1/2
塩 … 小さじ1/4
▶均一になるまで混ぜ合わせる
オリーブオイル … 大さじ2
塩 … 少々
粗びき黒こしょう … 適量

1 小鍋に湯を強火で沸かして酢大さじ1（分量外）を入れ、菜箸で混ぜて渦を作り、中心に卵を静かに落とし入れる。弱めの中火で3分ほどゆで、網じゃくしなどで取り出す。

2 フライパンにベーコンを入れて中火で熱し、ときどき返しながら焼き、全体に焼き色がついたら取り出す。

3 **2**のフライパンにオリーブオイルと食パンを入れて弱めの中火で熱し、ときどき返しながら焼き、全体に焼き色がついたら塩をふる。

4 器にロメインレタスを盛り、ベーコンと食パンを散らし、中央にポーチドエッグをのせる。ドレッシングをかけ、粉チーズと粗びき黒こしょうをふる。

・ヨーグルトなどの乳製品には保湿の作用があり、乾燥が気になるときにもおすすめです。
・ロメインレタスの代わりにレタスを、卵でポーチドエッグを作る代わりに市販の温泉卵を使用してもOK。

鶏胸肉のグリルチキンサラダ

ヘルシーな鶏胸肉で作るおかずサラダです。鶏胸肉には体を温める効能があります。

［材料と下準備］ 2人分

A 鶏胸肉（皮つき）… 小1枚（250g） 温 力 齢
▶厚みがある部分に切り込みを入れる
にんにく（薄切り）… 1かけ分 温
オリーブオイル … 大さじ1
塩 … 小さじ1/2
粗びき黒こしょう … 適量
▶鶏肉に、にんにく、オリーブオイル、塩、粗びき黒こしょうをもみ込み、10分ほどおく

グリーンカール … 葉3枚（45g）
▶食べやすい大きさにちぎる

パプリカ（黄）… 1/4個
▶斜め薄切りにする

ドレッシング
B 酢 … 大さじ1
砂糖 … 小さじ1/2
塩 … 小さじ1/4
粗びき黒こしょう … 適量
オリーブオイル … 大さじ1
▶**B**を均一になるまで混ぜ合わせ、オリーブオイルを加えてよくなじませる

1 フライパンに**A**を鶏肉の皮面から入れ、強めの中火で熱して5〜6分焼き、にんにくは色づいたら取り出す。鶏肉の皮面に焼き色がつき、身の周囲が白っぽくなったら上下を返し、弱火で6分ほど焼く。取り出してアルミホイルで包み、15分ほどおいて食べやすい大きさに切る。

2 器にグリーンカールとパプリカを盛り、鶏肉をのせてにんにくを散らし、ドレッシングをもう一度よく混ぜてからかける。

・鶏肉の皮面は強めの火加減でこんがり焼き、返してからは弱火でじっくり火を通すとしっとり仕上がります。
・鶏胸肉の代わりに鶏もも肉でも構いません。
・鶏肉の下味に使用しているにんにくにも体を温める効能があるので、冷え性の方におすすめのサラダです。

ひき肉と豆の目玉焼きのっけサラダ

たんぱく質たっぷり！ 元気が湧き出るサラダです。

［材料と下準備］ 2人分

鶏ひき肉 … 100g 温 カ 齢
卵 … 1個
▶小さめの容器に割り入れる
ミックスビーンズ（ドライパック）… 50g
玉ねぎ … 1/4個 温
▶1cm四方に切る
ベビーリーフ … 40g
A レモン果汁 … 小さじ1
塩 … 小さじ1/4
オリーブオイル … 小さじ2
粗びき黒こしょう … 適量

1 フライパンにオリーブオイルを弱火で熱し、卵を落とし入れて焼き、白身が固まったら取り出す。

2 **1**のフライパンを中火で熱し、ひき肉を炒め、色が変わったら玉ねぎを加えて炒め合わせる。玉ねぎが透き通ってきたらミックスビーンズと**A**を加え、さっと炒め合わせる。

3 器にベビーリーフを盛り、**2**、目玉焼きの順にのせ、粗びき黒こしょうをふる。

・目玉焼きはふたをせず、弱火でじっくり焼くことで白身はしっかり火が通り、黄身は半熟に仕上がります。黄身をくずして全体にからめながら食べてください。
・ベビーリーフの代わりにサニーレタスやグリーンカール、ルッコラなどでも。

豆苗とのりのサラダ

超簡単に作れますが、なかなかくせになるおいしさがあります。

[材料と下準備] 2人分

豆苗 … 1パック　冷　解

▶根元を切り落とし、長さを3等分に切る

焼きのり（全形）… 1枚　冷　水

A 酢 … 大さじ1

塩 … 小さじ1/3

▶よく混ぜ合わせる

ごま油 … 大さじ1

1　ボウルに豆苗とごま油を入れて混ぜる。**A**を加え、さらに焼きのりをちぎって加え、さっと混ぜる。

・のりはのどの水分代謝を整えます。のどのつかえやせきが気になるときにもよいでしょう。

・のりは水分を吸いやすいので食べる直前に混ぜましょう。

column 1

いろいろなポテトサラダ

キムチのせ長いものポテトサラダ

マッシュした長いもにキムチをのせるだけ。使っていないのにマヨネーズみたいな味がします。

［材料と下準備］ 2人分

長いも … 400g 力 齢 消

▶厚さ1.5㎝の輪切りにし、耐熱容器に入れてふんわりとラップをし、電子レンジで4分30秒ほど加熱する

白菜キムチ … 50g

▶粗く刻む

A 酢 … 小さじ2
　塩 … 小さじ1/3

ごま油 … 小さじ1

1　長いもの容器に**A**を加え、フォークの背で粗くつぶしながら混ぜる。

2　器に盛り、キムチをのせ、ごま油をかける。

・長いもは酢と塩のみの味つけでマヨネーズのような風味が出ます。さらに細ねぎやちくわなど、好みの具材を混ぜても。
・長いもは滋養強壮の生薬として使われ、元気に活動するためのエネルギーを補ってくれます。

クリームチーズ入り ポテトサラダ

チーズの味を強く感じるポテトサラダ。
白ワインのアテにもぴったりです。

じゃがいも以外のいもで作ったり、
いつもとは少し違う味つけにしたり、
趣向を凝らしたポテトサラダのレシピ4種です。
簡単に作れるのもうれしいところ。

[材料と下準備] 2人分

じゃがいも … 2個（300g） カ 消
▶ひと口大に切り、水に10分ほどさらして水けをきる

クリームチーズ … 65g
▶ちぎる

プレーンヨーグルト（無糖）… 大さじ2

パルミジャーノレッジャーノ（好みで）… 適量
▶チーズグレーター（チーズおろし器）などで削る

A 酢 … 大さじ1/2
　塩 … 小さじ1/3
▶よく混ぜ合わせる

粗びき黒こしょう … 適量

1 鍋にじゃがいもと浸るくらいの水を入れて中火で熱し、沸騰したら弱めの中火で10〜12分ゆで、ゆで汁ごとざるに上げて水けをきる。じゃがいもを鍋に戻して弱火で熱し、表面が白っぽく粉をふいたようになるまで、ときどき転がしながら水けを飛ばす。

2 ボウルにじゃがいもを入れてフォークの背で粗くつぶし、冷ます。クリームチーズ、ヨーグルト、**A**を加えて混ぜる。

3 器に盛り、粗びき黒こしょうをふってパルミジャーノレッジャーノを散らす。

・クリームチーズが溶けないよう、じゃがいもを冷ましてから加えましょう。
・パルミジャーノレッジャーノの代わりに粉チーズでも構いません。

ツナ入り里いものポテトサラダ

ねっとりとした里いもの中に玉ねぎのアクセント。
隠し味のみそで、ご飯にも合う味に仕上がっています。

[材料と下準備] 2人分

里いも … 4個 (300g) 水 解 消

▶皮つきのまま中央に横にぐるりと切り込みを入れ、耐熱皿にのせてふんわりとラップをし、電子レンジで6〜7分加熱する。熱いうちに切り込みから皮をむき、フォークの背でつぶす

ツナ缶 (油漬け) … 1/2缶 (35g)

▶缶汁をきる

紫玉ねぎ (または玉ねぎ) … 1/8個

▶薄切りにし、水に5分ほどさらして水けをきる

A みそ … 小さじ2
酢 … 大さじ1/2
塩 … ふたつまみ

粗びき黒こしょう … 適量

1 ボウルにAを入れてよく混ぜ、里いもを加えて混ぜる。ツナと紫玉ねぎを加え、さっとあえる。

2 器に盛り、粗びき黒こしょうをふる。

・里いもは水分代謝を促進し、消化機能を高めてくれます。むくみが気になるときや食後に眠くなりやすい方にも。
・里いもは電子レンジで加熱後、竹串を刺してかたさを確認してください。

定番ポテトサラダ

牛乳を少し多めに加え、ふんわりと仕上げます。
サンドイッチの具にもぴったり。

[材料と下準備] 2人分

じゃがいも … 2個（300g） カ 消
▶ひと口大に切り、水に10分ほど
さらして水けをきる

ロースハム … 2枚
▶半分に切ってから幅1㎝に切る

にんじん … 1/4本（40g） 消
▶薄いいちょう切りにし、耐熱ボウルに入れて
水大さじ2をふり、ふんわりとラップをして
電子レンジで3分ほど加熱し、水けをきる

玉ねぎ … 1/8個 消
▶薄切りにし、水に5分ほどさらして水けをきる

きゅうり … 1/2本
▶薄い小口切りにし、塩ひとつまみをふってもみ、
10分ほどおいて水けをよく絞る

A 牛乳 … 大さじ3
マヨネーズ … 大さじ1と1/2
酢 … 大さじ1/2
塩 … 小さじ1/3

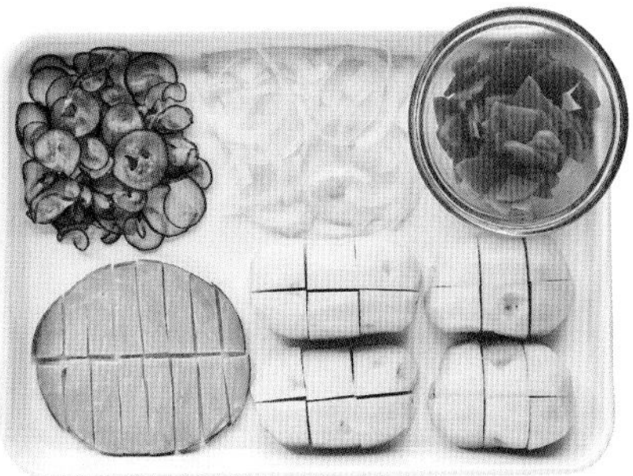

1　鍋にじゃがいもと浸るくらいの水を入れて中火で熱し、沸騰したら弱めの中火で10〜12分ゆで、ゆで汁ごとざるに上げて水けをきる。じゃがいもを鍋に戻して弱火で熱し、表面が白っぽく粉をふいたようになるまで、ときどき転がしながら水けを飛ばす。

2　ボウルにじゃがいもと**A**を入れ、フォークの背でじゃがいもをつぶしながら混ぜ、冷ます。ハム、にんじん、玉ねぎ、きゅうりを加えて混ぜる。

・じゃがいもはまわりが煮くずれ始めるくらいまでゆでるとなめらかな食感に仕上がります。

しょうゆのサラダ

豚肉とレモンの
ホットサラダ
→ P46

ひき肉とじゃがいもの
ホットサラダ
→ **P46**

ゆで卵とアスパラガスの
バターじょうゆサラダ
→ **P47**

豚肉とレモンのホットサラダ

香りのよい玉ねぎとレモンは
リラックス効果あり。
暑い季節のおかずにもぴったりの
さわやかなひと皿です。

しょうゆ　みりん　こしょう

・レモンの香りは食欲不振の解消にも。

［材料と下準備］ 2人分

豚バラ薄切り肉 … 120g　カ　潤
▶長さ4cmに切る

玉ねぎ … 1/4個　安
▶4等分のくし形切りにする

レモン … 1/2個　安
▶薄い半月切りにする

グリーンカール … 葉3枚 (45g)
▶食べやすい大きさにちぎる

A しょうゆ … 小さじ2
　みりん … 小さじ1

ごま油 … 小さじ1

粗びき黒こしょう … 適量

1　フライパンにごま油を中火で熱し、豚肉と玉ねぎを炒める。豚肉に焼き色がついてきたら**A**を加えて炒め合わせ、火を止め、レモンを加えてさっと混ぜる。

2　器にグリーンカールを盛り、**1**をのせ、粗びき黒こしょうをふる。

ひき肉とじゃがいものホットサラダ

絶対おいしい組み合わせ！
玉ねぎはシャキッと仕上げて。

しょうゆ　こしょう

・玉ねぎは炒めず、余熱でさっとなじませることでシャキシャキの食感が楽しめます。
・イタリアンパセリを加えるとさわやかな香りに。パセリで代用しても構いません。

［材料と下準備］ 2人分

豚ひき肉 … 80g　カ　齢

じゃがいも … 小2個 (200g)　カ　消
▶薄い半月切りにし、水に10分ほどさらして水けをきる

玉ねぎ … 1/4個　消
▶薄切りにする

にんにく … 1かけ
▶みじん切りにする

イタリアンパセリ (好みで) … 適量
▶粗みじん切りにする

A レモン果汁 … 小さじ1
　しょうゆ … 小さじ2

オリーブオイル … 大さじ1

粗びき黒こしょう … 適量

1　フライパンにオリーブオイルとにんにくを入れて中火で熱し、香りが立ってきたらひき肉を加えて炒める。ひき肉の色が変わったら、じゃがいもを加えて炒め合わせる。

2　じゃがいもが透き通ってきたら、**A**を加えて火を止め、玉ねぎとイタリアンパセリを加えてさっと混ぜる。

3　器に盛り、粗びき黒こしょうをふる。

ゆで卵とアスパラガスのバターじょうゆサラダ

しょうゆドレッシングが見事にマッチ！
アスパラガスとしめじは、
バターで香ばしく炒めます。

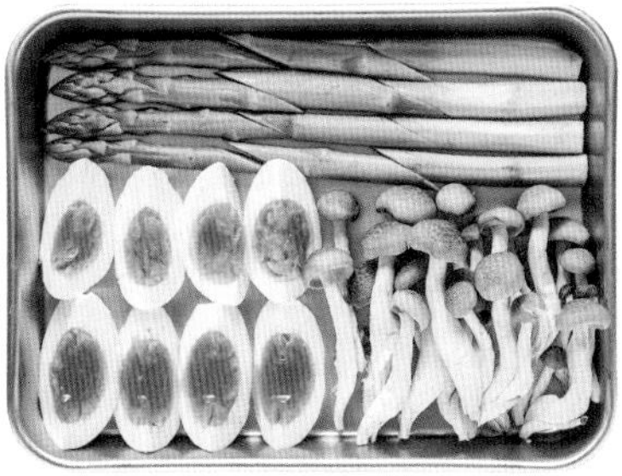

[材料と下準備] 2人分

ゆで卵 … 2個 潤
▶4つ割りにする

グリーンアスパラガス
… 4本（100g） 冷 潤 解
▶根元を3cmほど落とし、ピーラーで根元から1/3ほどのところまで皮をむき、3等分の斜め切りにする

しめじ … 1/2パック（75g） 解
▶石づきを取ってほぐす

ドレッシング
しょうゆ … 大さじ1/2
酢 … 小さじ1
オリーブオイル … 大さじ1/2
▶均一になるまで混ぜ合わせる

バター … 10g

1 フライパンにバターを中火で溶かし、アスパラガスとしめじを焼き色がつくまで炒める。

2 器に盛り、ゆで卵をのせ、ドレッシングをもう一度よく混ぜてからかける。

- しめじの代わりにエリンギやまいたけなど、好みのきのこで作っても。
- ゆで卵は、鍋に湯を沸かし、冷蔵室から出したばかりの冷たい卵をやさしく入れ、ときどき転がしながら弱めの中火で9分ほどゆで、氷水に取って冷ましたものを使用。ゆで時間は好みで調節してください。
- ドレッシングに塩や砂糖などの粒状の調味料がないので、しょうゆ、酢といっしょにオリーブオイルを混ぜてＯＫ。しっかり乳化させましょう。

新玉ねぎとトマトのサラダ

新玉ねぎのシャキシャキとした食感を楽しんで。

［材料と下準備］ 2人分

新玉ねぎ … 1/2個　安　消

▶薄切りにし、水に3分ほどさらして水けをきる

トマト … 1個　安　消

▶厚さ1cmの半月切りにする

ドレッシング

A にんにく（すりおろし） … 少々
レモン果汁 … 小さじ1
しょうゆ … 大さじ1
砂糖 … 小さじ1/4
オリーブオイル … 小さじ2

▶**A**を均一になるまで混ぜ合わせ、
オリーブオイルを加えてよくなじませる

1　器にトマトを盛って玉ねぎをのせ、ドレッシングをもう一度よく混ぜてからかける。

・普通の玉ねぎで作る場合は薄切りにして水に5分ほどさらし、水けをきって耐熱皿に広げ、ラップをせずに電子レンジで40秒ほど加熱すると辛みがやわらぎます。

ツナと新玉ねぎの梅サラダ

体を温める食材で作る、冷えやすいときにぴったりのサラダです。

[材料と下準備] 2人分

ツナ缶（油漬け）… 1缶（70g） 温
▶缶汁をきる

新玉ねぎ … 1個 温 安 消
▶縦半分に切ってから薄切りにし、
水に3分ほどさらして水けをきる

梅干し（塩分8%）… 1個（正味10g）
▶種を取り除き、包丁で果肉をたたく

A しょうゆ … 小さじ2
酢 … 小さじ1
ごま油 … 大さじ1/2

1 ボウルにAを入れてよく混ぜ、ツナ、玉ねぎ、梅干しを加えてあえる。

・使用する梅干しの塩分に合わせ、味をみてしょうゆの量は加減してください。
・普通の玉ねぎで作る場合は薄切りにして水に5分ほどさらし、水けをきって耐熱皿に広げ、ラップをせずに電子レンジで1分ほど加熱すると辛みがやわらぎます。

ちくわとトマトのおかかサラダ

ちくわのむっちりとした食感とトマトが意外な好相性！

［材料と下準備］ 2人分

ちくわ … 1本（35g）
▶幅5㎜の斜め切りにする

トマト … 1個　安 潤 消
▶8等分のくし形切りにしてから斜め半分に切る

削り節 … 2g

A しょうゆ … 小さじ2
酢 … 小さじ1/2
ごま油 … 小さじ2

1　ボウルに**A**を入れてよく混ぜ、ちくわ、トマト、削り節を加えてあえる。

・削り節の代わりにみょうが、青じそ、細ねぎなど、好みの薬味を加えてもおいしいです。

ミニトマトとズッキーニの
ジンジャーサラダ

ほのかに広がるしょうがの風味が味の決め手。

［材料と下準備］ 2人分

ミニトマト … 7～8個（100g） 冷 潤
▶縦半分に切る

ズッキーニ … 1本 冷 潤
▶薄い輪切りにし、塩小さじ1/4をふってもみ、
10分ほどおいて水けをよく絞る

A しょうが（すりおろし）… 小さじ1
レモン果汁 … 小さじ2
しょうゆ … 小さじ1
オリーブオイル … 小さじ2

1 ボウルに**A**を入れてよく混ぜ、ミニトマトとズッキーニを加えてあえる。

 ・ミニトマトとズッキーニは余分な熱を冷まし、体液を作る組み合わせなので夏にぴったりです。発汗やほてりにも。

ねばねば豆腐サラダ

夏のおかずに。おつまみとしてもよく合います。

[材料と下準備] 2人分

絹ごし豆腐 … 1/2丁 (150g) 潤
▶水けをきり、食べやすい大きさに切る

納豆 … 1パック (50g) カ 腸

長いも … 100g カ 潤
▶1cm角に切る

オクラ … 6本 (60g) 潤 腸
▶がくをむき、竹串で数か所に穴を開ける。耐熱皿にのせ、ふんわりとラップをして電子レンジで30秒ほど加熱し、粗熱がとれたら幅7mmに切る

A しょうゆ … 小さじ2
　酢 … 小さじ1

1 ボウルにAを入れてよく混ぜ、納豆、長いも、オクラを加えてあえる。

2 器に豆腐を盛り、1をかける。

・納豆やオクラなどのねばねば食材は腸のすべりを助けます。便秘でお悩みの方はぜひ。

蒸しなすのおろしのせ

胃もたれや食欲不振のときにもよいサラダです。

しょうゆ

みりん

[材料と下準備] 2人分

なす … 3本（240g） 水 消

▶フォークで数か所に穴を開け、さっと水で濡らし、1本ずつラップでぴったりと包み、耐熱皿にのせて電子レンジで4分ほど加熱する。ラップを外して冷まし、厚さ1.5cmの輪切りにしてごま油小さじ2をからめる

大根 … 200g 安 消

▶すりおろし、軽く水けをきる

細ねぎ（好みで）… 適量

▶小口切りにする

A みりん … 小さじ2
レモン果汁 … 大さじ1/2
しょうゆ … 大さじ1

▶耐熱ボウルにみりんを入れ、ラップをせずに電子レンジで30秒ほど加熱し、レモン果汁としょうゆを加えて混ぜる

1 器になすを盛り、大根おろしをのせる。**A**をかけ、細ねぎを散らす。

・なすは加熱後すぐにラップを外して冷ますと鮮やかな色が残りやすくなります。ラップを外すときはやけどに注意。
・大根は水けをきった状態で100gほどが目安です。
・なすと大根は消化を助ける野菜です。

豚肉とキャベツの薬味たっぷりサラダ

食欲が落ちる梅雨や夏におすすめ！ 胃腸にもよい効能あり。

［材料と下準備］ 2人分

豚ロース薄切り肉（しゃぶしゃぶ用）… 120g　カ

▶大きい場合は食べやすい長さに切る

キャベツ … 葉4枚（200g）　安　消

▶葉と芯に切り分け、葉は繊維を断つように長さ6cm、幅1cmに切り、芯は薄切りにする

長ねぎ … 10cm　安　免

▶長さを半分に切ってせん切りにし、水に5分ほどさらして水けをきる

青じそ … 5枚　安　免

▶ちぎる

みょうが … 1個　安

▶薄い小口切りにする

ドレッシング

- **A** しょうゆ … 大さじ1と1/2
  - 酢 … 小さじ2
  - 砂糖 … 小さじ1/2
- オリーブオイル … 小さじ2

▶**A**を均一になるまで混ぜ合わせ、オリーブオイルを加えてよくなじませる

1 鍋に湯を中火で沸かし、キャベツを1分30秒ほどゆで、ざるに取り出して水けをきり、広げて冷ます。

2 続けて**1**の湯を強火で沸かして酒大さじ1（分量外）を入れ、火を止めて豚肉の1/3量をゆで、色が変わったら、別のざるに取り出して水けをきる。再び湯を沸かして火を止め、残りの豚肉も同様にゆでて冷ます。

3 ボウルに長ねぎ、青じそ、みょうがを入れ、さっと混ぜる。

4 器にキャベツを盛り、豚肉と**3**をのせ、ドレッシングをもう一度よく混ぜてからかける。

・キャベツは胃の調子を整え、薬味は食欲を増進させます。

春雨と香菜のサラダ

和洋中のおいしいとこ取りサラダ。ビールとも好相性です。

しょうゆ

［材料と下準備］ 2人分

緑豆春雨（乾燥）… 30g　水　解
▶さっと水で濡らし、キッチンばさみで長さを半分に切る

香菜 … 2株　水　解　免
▶長さ4cmに切る

にんじん … 1/4本　解
▶細切りにする

玉ねぎ … 1/4個　水　解
▶薄切りにし、水に5分ほどさらして水けをきる

A レモン果汁 … 小さじ1と1/2
しょうゆ … 小さじ2
オリーブオイル … 小さじ2

1　鍋に湯を中火で沸かし、春雨をパッケージの表示時間どおりにゆでてざるに取り出し、水けをきる。同じ湯でにんじんを2分ほどゆで、別のざるに上げて水けをきる。

2　ボウルに**A**を入れてよく混ぜ、**1**、香菜、玉ねぎを加えてあえる。

・緑豆春雨の原料である緑豆は、中国では暑気払いの定番食材。暑さや湿気で体が重だるいときに最適です。

めかじきソテーときゅうりのサラダ

淡白でくせがないめかじきをおいしくいただく組み合わせです。

［材料と下準備］ 2人分

めかじき（切り身）… 2切れ　安　潤

▶4等分に切り、塩少々をふる

きゅうり … 2本　潤

▶薄い小口切りにし、塩小さじ1/4をふってもみ、10分ほどおいて水けをよく絞る

ミニトマト … 6個　潤

▶縦半分に切る

ドレッシング

A レモン果汁 … 大さじ1/2
しょうゆ … 大さじ1/2
塩 … ふたつまみ

オリーブオイル … 大さじ1/2

▶Aを均一になるまで混ぜ合わせ、オリーブオイルを加えてよくなじませる

オリーブオイル … 小さじ1

粗びき黒こしょう … 適量

1　フライパンにオリーブオイルを中火で熱し、めかじきを両面に焼き色がつくまで焼く。

2　器にきゅうりを盛り、めかじきとミニトマトをのせる。ドレッシングをもう一度よく混ぜてからかけ、粗びき黒こしょうをふる。

・めかじきは活動するためのエネルギーの巡りをよくしてくれます。リラックス効果もあるので、ストレスを感じやすいときにも。

ソーセージ、豆、きのこのホットサラダ

パンと相性がよい、食べごたえのあるサラダ。

しょうゆ

こしょう

［材料と下準備］ 2人分

ウインナソーセージ … 4本
▶斜め半分に切る

ミックスビーンズ（ドライパック）… 100g

しめじ … 1/2パック（75g） 力 解 血
▶石づきを取ってほぐす

エリンギ … 1本（50g） 力
▶長さを半分に切り、縦に幅5mmに切る

にんにく … 1かけ 解
▶みじん切りにする

パセリ … 正味5g 解 血
▶粗く刻む

A レモン果汁 … 小さじ2
しょうゆ … 小さじ2
粗びき黒こしょう … 適量

オリーブオイル … 小さじ2

1 フライパンにオリーブオイルとにんにくを入れて中火で熱し、香りが立ってきたらソーセージ、しめじ、エリンギを加えて炒める。

2 全体に薄く焼き色がついたらミックスビーンズと**A**を加え、さっと炒め合わせる。火を止め、パセリを加えて混ぜる。

・まいたけ、マッシュルーム、しいたけなど、好みのきのこで作っても。

ベーコン、長いも、水菜のしょうがじょうゆサラダ

水菜のシャキシャキ感と
しょうがの風味がおいしさのポイント。

[材料と下準備] 2人分

スライスベーコン … 2枚
▶幅2cmに切る

長いも … 150g 消
▶厚さ1cmの半月切りにする

水菜 … 60g 水 腸
▶長さ4cmに切る

A しょうが（すりおろし）… 小さじ1
レモン果汁 … 小さじ1と1/2
しょうゆ … 小さじ2
粗びき黒こしょう … 適量

オリーブオイル … 大さじ1/2

1 フライパンにオリーブオイルを中火で熱し、長いもを入れ、焼き色がついたら上下を返す。ベーコンを加え、長いもの両面に焼き色がつくまで炒め合わせる。

2 ボウルに**A**を入れてよく混ぜ、**1**と水菜を加えてあえる。

・消化力アップの長いも、水分代謝と腸の巡りを助ける水菜は、体の不要物をしっかり排出させる組み合わせです。

鮭、れんこん、水菜のサラダ

こんがりと焼いて風味を増した
れんこんが影の主役です。

[材料と下準備] 2人分

生鮭（切り身）… 1切れ 温 力 消
▶骨を取り除いて4等分に切り、塩・粗びき黒こしょう各少々をふる

れんこん … 1/2節（100g） 消
▶厚さ7mmの半月切りにする

水菜 … 60g
▶長さ4cmに切る

ドレッシング

A しょうゆ … 小さじ2
酢 … 小さじ2
砂糖 … ふたつまみ

ごま油 … 小さじ2
▶**A**を均一になるまで混ぜ合わせ、ごま油を加えてよくなじませる

サラダ油 … 大さじ1

1 フライパンにサラダ油を中火で熱し、鮭とれんこんを入れ、それぞれ両面に焼き色がつくまで焼く。

2 器に水菜を盛り、**1**をのせ、ドレッシングをもう一度よく混ぜてからかける。

・鮭は上記効能のほかに、水分代謝の促進、血流改善などの効能もあります。
・仕上げに好みで七味唐辛子をふっても。

ベーコン、長いも、
水菜のしょうがじょうゆサラダ

鮭、れんこん、
水菜のサラダ

小松菜の黒ごまあえ

生の小松菜のおいしさをシンプルに味わってください。

[材料と下準備] 2人分

小松菜 … 1/2束(100g) 潤 腸
▶長さ4cmに切る
長ねぎ … 5cm
▶斜め薄切りにし、水に5分ほどさらして水けをきる
すりごま(黒) … 大さじ2 齢 腸 血
A しょうゆ … 大さじ1/2
砂糖 … 小さじ1弱

1 ボウルに**A**を入れてよく混ぜ、小松菜と長ねぎを加えて混ぜる。すりごまを加え、さっとあえる。

・黒ごまのような黒い食材は、老化現象の改善に効果があるといわれています。黒米、黒豆、黒きくらげなども同様です。
・小松菜の代わりに水菜で作っても。

ささみ、油揚げ、レタスのサラダ

油揚げをクルトンみたいにして食べるパワーサラダです。

[材料と下準備] 2人分

鶏ささみ … 2本（120g）

▶筋を取り、縦に切り込みを入れ、そこから左右に包丁を寝かせて切り込みを入れて開く。耐熱皿にのせて酒大さじ1をふり、ふんわりとラップをして電子レンジで1分30秒～2分加熱し、そのまま冷まして食べやすい大きさに裂く

油揚げ … 1枚（16g）

レタス … 葉4枚（60g） 水 腸 消

▶食べやすい大きさにちぎる

ドレッシング

A しょうゆ … 小さじ2
　酢 … 小さじ2
　ごま油 … 小さじ1

いりごま（白）… 小さじ2 腸

▶Aを均一になるまで混ぜ合わせ、いりごまを加えてよくなじませる

1 オーブントースターの天板にアルミホイルを敷いて油揚げをのせ、オーブントースターで薄い焼き色がつくまで焼く。粗熱がとれたら幅1cmに切る。

2 器にレタスを盛り、油揚げとささみをのせ、ドレッシングをもう一度よく混ぜてからかける。

・油揚げはカリッと焼くことで香ばしさが増し、食感のアクセントにもなります。
・鶏ささみの代わりにゆでた豚薄切り肉（しゃぶしゃぶ用）を使用してもおいしいです。
・ドレッシングに塩や砂糖がないので、しょうゆ、酢といっしょにごま油を混ぜ、乳化したらいりごまを加えて混ぜます。

チョレギサラダ

ごま油の風味が食指を動かします。水煮のさば缶をプラスしてもＯＫ。

［材料と下準備］ 2人分

サニーレタス … 葉3枚（45g） 冷 水
▶食べやすい大きさにちぎる

きゅうり … 1/2本 冷 水
▶縦半分に切ってから斜め薄切りにする

長ねぎ … 10㎝
▶斜め薄切りにし、水に5分ほどさらして水けをきる

焼きのり（全形）… 1枚 冷 水

ドレッシング

A しょうゆ … 小さじ2
酢 … 小さじ2
ごま油 … 小さじ1

いりごま（白）… 小さじ1
▶**A**を均一になるまで混ぜ合わせ、いりごまを加えてよくなじませる

1 ボウルにサニーレタス、きゅうり、長ねぎを入れ、焼きのりをちぎって加え、さっと混ぜる。

2 器に盛り、ドレッシングをもう一度よく混ぜてからかける。

・体の余分な熱を冷ます食材が多いので暑い季節はもちろん、多汗、赤ら顔、吹き出ものが多い方にもおすすめです。
・ドレッシングに塩や砂糖がないので、しょうゆ、酢といっしょにごま油を混ぜ、乳化したらいりごまを加えて混ぜます。

焼き肉サラダ

ご飯が進むスタミナサラダ！　野菜は好みで追加してください。

[材料と下準備] 2人分

A 牛バラ薄切り肉（焼き肉用）
　…150g　力 消 血
　しょうが（すりおろし）… 小さじ1
　にんにく（すりおろし）… 少々
　しょうゆ … 大さじ1
　みりん … 小さじ2
　砂糖 … 小さじ1
　ごま油 … 小さじ1
　酢 … 小さじ1/4
▶すべてを合わせ、10分ほどおく

サニーレタス … 葉3枚（45g）
▶食べやすい大きさにちぎる

ズッキーニ … 1/3本
▶薄い輪切りにする

いりごま（白）… 適量

1　フライパンを中火で熱し、**A**から牛肉を取り出して入れ、両面を焼く。色が変わったら**A**の残りの調味液を加え、照りが出るまで1〜2分煮からめる。

2　器にサニーレタスとズッキーニを盛り、牛肉をのせる。**1**のフライパンに残った調味液をかけ、いりごまをふる。

・牛肉は筋肉や骨を強める食材なので、丈夫な体作りをサポートしてくれます。
・トマト、きゅうり、玉ねぎなど、好みの生野菜を追加しても。

豆もやしのにらだれかけ

食感を残した豆もやしに、にらだれをかけると立派なおかずに！

［材料と下準備］ 2人分

豆もやし … 1袋　冷　水　消
▶好みでひげ根を取る

にら … 1/2束
▶長さ5㎜に切る

A いりごま（白）… 大さじ1
しょうが（すりおろし）… 小さじ1
酢 … 大さじ1と1/2
しょうゆ … 大さじ1
砂糖 … 大さじ1
ごま油 … 大さじ1/2

1 ボウルに**A**を入れてよく混ぜ、にらを加えてさっと混ぜる。

2 鍋に湯を強めの中火で沸かし、豆もやしを1分ほどゆで、ざるに上げて水けをきる。

3 器に豆もやしを盛り、**1**をかける。

・豆もやしは熱を冷まし、水分代謝を助けるので食べすぎた翌日などにもぴったり。
・豆もやしの代わりに普通のもやしで作っても構いません。

たらこマカロニサラダ

たらこの塩けがご飯にも合うサラダ。子どもも喜びます。

[材料と下準備] 2人分

たらこ … 1/2腹（35g）
▶包丁の背で中身をしごき出す

サラダマカロニ … 80g

きゅうり … 1本 冷 水 解
▶薄い小口切りにし、塩ふたつまみをふってもみ、10分ほどおいて水けをよく絞る

A 酢 … 大さじ1/2
しょうゆ … 小さじ1
砂糖 … 小さじ1/2
オリーブオイル … 小さじ1

オリーブオイル … 大さじ1

粗びき黒こしょう … 適量

1 鍋に湯を強めの中火で沸かして塩適量（分量外）を入れ、マカロニをパッケージの表示時間どおりにゆで、ざるに上げて水けをきり、オリーブオイルをふってからめる。

2 ボウルに**A**を入れてよく混ぜ、たらこ、マカロニ、きゅうりを加えてあえ、粗びき黒こしょうで味を調える。

・余ったらマヨネーズ少量を加えて混ぜ、味変してもおいしいです。
・たらこの代わりに辛子明太子、サラダマカロニの代わりに好みのショートパスタを使用してもOKです。

まぐろステーキとベビーリーフのサラダ

まぐろのさくが安売りされていたらぜひ!
玉ねぎの甘辛いたれがよく合います。
こんがり焼いたにんにくが絶妙なアクセントに。

[材料と下準備] 2人分

まぐろ(刺身用・赤身)… 1さく(120g) 温 力 血
▶塩・粗びき黒こしょう各少々をふる

ベビーリーフ … 40g

玉ねぎ … 1/4個 温
▶薄切りにする

にんにく … 1/2かけ 温
▶薄切りにする

A しょうゆ … 大さじ1
みりん … 大さじ1
酢 … 大さじ1/2

オリーブオイル … 大さじ1

1 フライパンにオリーブオイルとにんにくを入れて弱火で熱し、にんにくが色づいてきたら取り出す。続けて強めの中火にし、まぐろを入れて20〜30秒焼き、上下を返して同様に焼き、取り出して食べやすい大きさのそぎ切りにする。

2 **1**のフライパンを中火で熱し、玉ねぎを炒める。しんなりしたら**A**を加えて煮立て、火を止めて粗熱をとる。

3 器にベビーリーフを盛り、まぐろをのせ、**2**をかけてにんにくを散らす。

・まぐろは厚みが均一なものだときれいに火が入ります。フライパンから出したらすぐに切り、余熱で火が通るのを防ぎます。
・まぐろの代わりにかつおで作っても美味。

column
2

エスニックサラダ

牛肉のピリ辛サラダ

ご飯が進むおかずにもなるし、ビールに合うおつまみにもなります。

[材料と下準備] 2人分

牛切り落とし肉 … 120g 力 消 血

玉ねぎ … 1/4個 消

▶薄切りにし、水に5分ほどさらして水けをきる

にんじん … 1/4本 消 血

▶細切りにする

香菜 … 2株 消

▶長さ4cmに切る

にんにく … 1かけ

▶みじん切りにする

赤唐辛子 … 1本

▶小口切りにする

A レモン果汁 … 小さじ2

ナンプラー … 小さじ2

ごま油 … 大さじ1/2

1 フライパンにごま油、にんにく、赤唐辛子を入れて中火で熱し、香りが立ったら牛肉を加え、牛肉の色が変わるまで炒める。

2 ボウルに**A**を入れてよく混ぜ、**1**、玉ねぎ、にんじん、香菜を加えてあえる。

えびときゅうりのサラダ

きゅうりのみずみずしい食感に
ナンプラーとしょうがの風味が絶妙にマッチ。

基本調味料以外に、なにかひとつ調味料を加えるとしたら、タイの魚醤、ナンプラーがおすすめです。エスニック風のうまみと風味が加わって、おいしさの幅がぐんと広がります！

[材料と下準備] 2人分

えび（殻つき）… 6尾（75g） 力 齢

▶殻と尾を取り、背に浅い切り込みを入れて背わたを取る。片栗粉小さじ1と塩小さじ1/2をふってもみ、数回洗ってペーパータオルで水けを拭く

きゅうり … 1本

▶長さを半分に切り、ピーラーで縦に細長い薄切りにする

A
- しょうが（すりおろし）… 小さじ1
- レモン果汁 … 小さじ1
- ナンプラー … 小さじ2
- オリーブオイル … 小さじ2

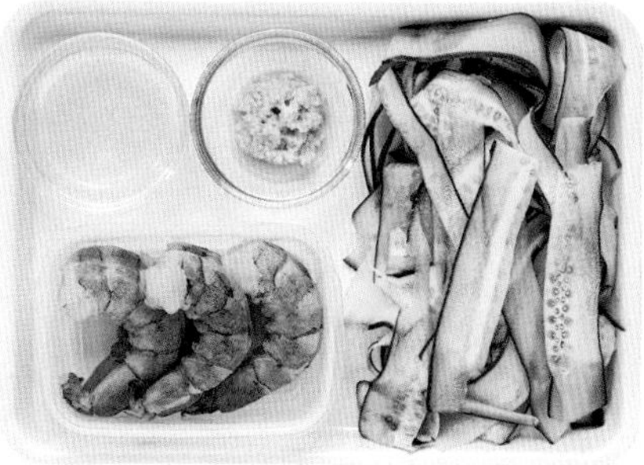

1. 鍋に湯を中火で沸かし、えびを1分ほどゆでてざるに上げ、水けをきる。
2. ボウルにAを入れてよく混ぜ、えびときゅうりを加えてあえる。

・きゅうりから水分が出やすいので食べる直前にあえましょう。
・えびの代わりに鶏ささみで作ってもおいしいです。

豆腐とセロリのサラダ

豆腐とセロリにはデトックス効果があるので、
食べすぎが続いているときなどにもよいでしょう。

[材料と下準備] 2人分

木綿豆腐 … 1/2丁(150g) 潤 解

▶ペーパータオルで包んで耐熱容器に入れ、ラップをせずに電子レンジで2分30秒ほど加熱し、そのまま冷ます

セロリの茎 … 1本(120g) 安 解

▶筋を取って斜め薄切りにし、塩ふたつまみをふってもみ、10分ほどおいて水けをよく絞る

A レモン果汁 … 小さじ2
ナンプラー … 小さじ2
ごま油 … 小さじ1

▶よく混ぜ合わせる

1 ボウルに豆腐を入れてフォークの背で粗くつぶし、セロリの茎と**A**を加えて混ぜる。

・セロリの茎の代わりにきゅうりで作っても。その場合も水っぽくならないように塩もみをし、よく水けを絞ってください。

大根のエスニックサラダ

香菜のおかげで、シンプルですが
飽きのこない味で、箸休めにうってつけです。

［材料と下準備］ 2人分

大根 … 300g 安 消
▶長さ4㎝の細切りにし、塩小さじ1/4をふってもみ、10分ほどおいて水けをよく絞る

香菜 … 2株 安 免 消
▶長さ4㎝に切る

A ナンプラー … 大さじ1
酢 … 大さじ1/2
ごま油 … 大さじ1

1 ボウルに**A**を入れてよく混ぜ、大根と香菜を加えてあえる。

・大根と香菜は消化を助ける野菜なので肉料理のつけ合わせにしても。

みそのサラダ

冷やしピーマンの
肉みそサラダ
→ P74

キャベツとコーンの
みそサラダ
→ P75

きゅうりと
青じそのみそサラダ
→ P75

冷やしピーマンの肉みそサラダ

パリパリとした生のピーマンの食感に濃厚な肉みそがよく合います。

[材料と下準備] 2人分

豚ひき肉 … 80g

ピーマン … 2個 安 消

▶縦半分に切ってへたと種を取り、冷水につけて冷蔵室で30分ほど冷やし、水けをきる

長ねぎ … 1/3本 免

▶みじん切りにする

しょうが … 1かけ 免

▶みじん切りにする

にんにく … 1かけ

▶みじん切りにする

A 水 … 大さじ3
みそ … 大さじ1
みりん … 大さじ1/2
酒 … 大さじ1/2
しょうゆ … 小さじ1/2

▶よく混ぜ合わせる

B 片栗粉 … 小さじ1
水 … 小さじ2

▶溶き混ぜる

サラダ油 … 小さじ1

1 フライパンにサラダ油、しょうが、にんにくを入れて中火で熱し、香りが立ってきたらひき肉を加えて炒める。ひき肉の色が変わったら、長ねぎと**A**を加えて混ぜる。

2 煮立ったら火を止め、**B**をもう一度よく混ぜてから加える。再び中火で熱し、混ぜながらとろみがつくまで煮立てる。

3 器にピーマンを盛り、**2**をかける。

- ピーマンは生でいただきます。冷水につけ、さらに冷蔵室で冷やすことでみずみずしくなり、食感もパリパリに。
- ピーマンの代わりにきゅうり、キャベツ、セロリ、にんじん、パプリカなどの生野菜で作っても合います。
- 肉みそが余ったら、ご飯にのせて食べてもおいしいです。

キャベツとコーンのみそサラダ

みその風味で味わいアップ！
シンプルながら、くせになるおいしさです。

［材料と下準備］ 2人分

キャベツ … 葉3枚（150g） 水 腸 消
▶繊維を断つように長さ5㎝、幅1㎝に切り、塩小さじ1/4をふってもみ、10分ほどおいて水けをよく絞る

ホールコーン缶 … 60g 水 消
▶缶汁をきる

A みそ … 小さじ2
酢 … 小さじ1
粗びき黒こしょう … 適量
オリーブオイル … 小さじ2

1 ボウルに**A**を入れてよく混ぜ、キャベツとコーンを加えてあえる。

・キャベツは繊維を断つように切ると食感がやわらかくなります。

きゅうりと青じそのみそサラダ

解毒作用のある野菜を組み合わせました。
おつまみにも、箸休めにもぴったり。

［材料と下準備］ 2人分

きゅうり … 2本 水 解
▶幅5㎜の小口切りにする

青じそ … 5枚 安 解 免
▶粗みじん切りにする

A みそ … 大さじ1
砂糖 … 小さじ1/2
ごま油 … 小さじ1/2

1 ボウルに**A**を入れてよく混ぜ、きゅうりを加えてあえる。

2 器に盛り、青じそを散らす。

・冬に溜まった体内の不要なものが春先に残りやすいので、このサラダでぜひデトックスを。

セロリの梅みそサラダ

さわやかなセロリの風味をみそが引き立たせます。

[材料と下準備] 2人分

セロリ … 1本(150g) 安 解

▶茎と葉に切り分け、茎は筋を取って斜め薄切りにし、葉はざく切りにする

梅干し(塩分8%) … 1個(正味10g)

▶種を取り除き、包丁で果肉をたたく

A みそ … 大さじ1
砂糖 … 小さじ1/4

1 ボウルに**A**と梅干しを入れてよく混ぜ、セロリの茎と葉を加えて、セロリの茎がしんなりするまであえる。

・使用する梅干しの塩分に合わせ、味をみてみその量は加減してください。

豆腐とわかめのみそサラダ

ヘルシー食材をみそドレッシングでおいしくいただきましょう。

[材料と下準備] 2人分

絹ごし豆腐 … 1/2丁（150g）
▶水けをきり、食べやすい大きさに切る

わかめ（塩蔵）… 20g 冷 水
▶さっと洗って塩を落とし、たっぷりの水に10分ほどつけて戻し、水けをよく絞って食べやすい大きさに切る

水菜 … 60g 水 腸
▶長さ4㎝に切る

ドレッシング
A みそ … 大さじ1
酢 … 大さじ1/2
しょうゆ … 大さじ1/2
砂糖 … ふたつまみ
ごま油 … 大さじ1/2
▶Aを均一になるまで混ぜ合わせ、ごま油を加えてよくなじませる

1 器に水菜を盛り、わかめと豆腐をのせ、ドレッシングをもう一度よく混ぜてからかける。

・水菜の代わりにレタスやサラダ菜などでも合います。

トマトのバジルみそサラダ

おなじみの組み合わせにみそを加えて新鮮なおいしさを演出。

［材料と下準備］ 2人分

トマト … 1個　安　消
▶8等分のくし形切りにする

バジルの葉 … 5〜6枚　安　解　消

A みそ … 大さじ1
酢 … 大さじ1/2
オリーブオイル … 大さじ1/2

1 ボウルに**A**を入れてよく混ぜ、トマトを加えて混ぜる。バジルをちぎって加え、さっとあえる。

・バジルなどの香りのよい食材にはストレスをやわらげる効果があります。
・バジルの代わりに青じそ、みょうが、細ねぎなどでも。

豚肉とトマトのごまだれサラダ

しょうがを効かせたしっかり味のおかずサラダです。暑い日の主菜にも。

[材料と下準備] 2人分

豚ロース薄切り肉（しゃぶしゃぶ用）… 120g　力　潤

▶大きい場合は食べやすい長さに切る

トマト … 1個　安　潤

▶6等分のくし形切りにしてから斜め半分に切る

ドレッシング

すりごま（白）… 大さじ2
しょうが（すりおろし）… 小さじ1
みそ … 大さじ1と1/2
水 … 大さじ1
酢 … 小さじ1
砂糖 … 小さじ1

▶均一になるまで混ぜ合わせる

1 鍋に湯を強火で沸かして酒大さじ1（分量外）を入れ、火を止めて豚肉の1/3量をゆで、色が変わったらざるに取り出して水けをきる。再び湯を沸かして火を止め、残りの豚肉も同様にゆでて冷ます。

2 器に豚肉とトマトを盛り、ドレッシングをかける。

・豚肉とトマトは体液を補う組み合わせ。発汗の多い夏などに意識的に取り入れてみてください。
・豚肉は、しゃぶしゃぶ用であれば好みの部位で構いません。

ハムとブロッコリーのみそホットサラダ

ほんのり温かく、みそとチーズの香りが豊か！

［材料と下準備］ 2人分

ロースハム … 2枚
▶8等分の放射状に切る

ブロッコリー
… 1株（350g） 齢 消
▶小房に分ける。茎は厚めに皮をむき、横に幅1cmに切る

粉チーズ … 適量

ドレッシング

A みそ … 大さじ2
酢 … 大さじ2
砂糖 … 大さじ1/2
ごま油 … 大さじ1
▶**A**を均一になるまで混ぜ合わせ、ごま油を加えてよくなじませる

・ブロッコリーは体を丈夫に保ちます。滋養強壮におすすめの野菜です。
・ロースハムの代わりにベーコンやウインナソーセージで作っても。

1 フライパンにブロッコリーと水60mℓ（分量外）を入れて強火で熱し、煮立ったらふたをして、弱めの中火で5〜6分蒸し煮にする。

2 ブロッコリーがしんなりしたらふたを取り、ハムを加えて水けがなくなるまで炒め合わせる。

3 器に盛り、ドレッシングをもう一度よく混ぜてからかけ、粉チーズをふる。

ハムとほうれん草のマカロニみそサラダ

みそとマカロニが絶妙にマッチ。お弁当のおかずにも。

［材料と下準備］ 2人分

ロースハム … 2枚
▶半分に切ってから幅1cmに切る

サラダマカロニ … 50g

ほうれん草
… 1束（200g） 潤 腸 血

A みそ … 大さじ1
酢 … 大さじ1/2
塩 … ふたつまみ
オリーブオイル … 大さじ1/2

オリーブオイル … 大さじ1

粗びき黒こしょう … 適量

・ほうれん草とオリーブオイルは腸の巡りをなめらかにするので便秘がちの方にもおすすめです。
・ロースハムの代わりにツナ缶（油漬け）、サラダマカロニの代わりに好みのショートパスタを使用してもOK。

1 鍋に湯を強めの中火で沸かして塩適量（分量外）を入れ、マカロニをパッケージの表示時間どおりにゆで、ざるに上げて水けをきり、オリーブオイルをふってからめる。

2 別の鍋に湯を強めの中火で沸かし、ほうれん草を根元から入れて1分30秒〜2分ゆで、冷水に取って冷まし、水けをよく絞って長さ4cmに切る。

3 ボウルに**A**を入れてよく混ぜ、ハム、マカロニ、ほうれん草を加えてあえる。

4 器に盛り、粗びき黒こしょうをふる。

ハムとブロッコリーの
みそホットサラダ

ハムとほうれん草の
マカロニみそサラダ

長いもとキャベツのホットサラダ

だるさに効く生薬でもある長いもでパワーをチャージしましょう！

[材料と下準備] 2人分

長いも … 150g 力 齢 消
▶皮つきのまま乱切りにする

キャベツ … 葉3枚（150g） 消
▶ひと口大に切る

にんにく … 1かけ
▶みじん切りにする

ドレッシング
みそ … 小さじ2
しょうゆ … 小さじ1
酢 … 小さじ1
ごま油 … 小さじ1
▶均一になるまで混ぜ合わせる

オリーブオイル … 大さじ1と1/2
粗びき黒こしょう … 適量

1 フライパンにオリーブオイルを中火で熱し、長いもを全体に焼き色がつくまで焼き、取り出す。

2 **1**のフライパンを強めの中火で熱し、にんにくとキャベツを入れ、キャベツが少ししんなりするまで1〜2分炒める。

3 器に**2**を盛り、長いもをのせる。ドレッシングをもう一度よく混ぜてからかけ、粗びき黒こしょうをふる。

・長いもは皮つきのまま使用し、色よく焼いて香ばしさを出します。
・長いもは疲れや体のだるさを感じるときに効く食材。消化を助けるキャベツとともに食べて元気をつけましょう。
・ドレッシングに塩や砂糖などの粒状の調味料がないので、ごま油をいっしょに混ぜてOK。しっかり乳化させます。

ゆでれんこんとにらのサラダ

さっとゆでたれんこんの食感が楽しいサラダです。

[材料と下準備] 2人分

れんこん … 1節（200g） 消

▶薄い輪切りにし、水に10分ほどさらして水けをきる

にら … 1/3束 温 齢 流

▶長さ4cmに切る

A みそ … 大さじ1

酢 … 大さじ1/2

砂糖 … 小さじ1/2

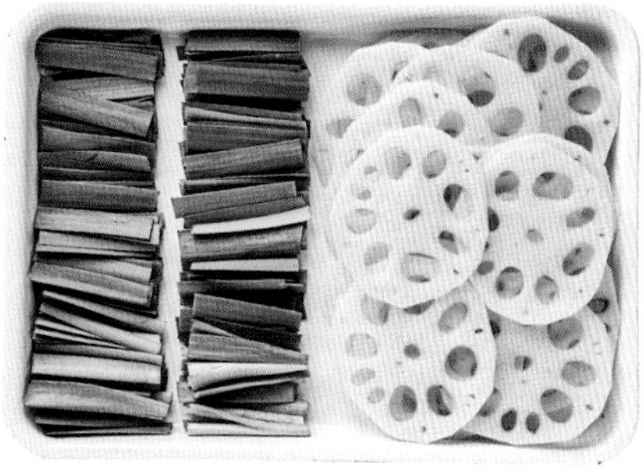

1 鍋に湯を強めの中火で沸かして酢大さじ1（分量外）を入れ、れんこんを2分ほどゆでてざるに取り出し、水けをきる。同じ湯でにらをさっとゆでて別のざるに上げ、ペーパータオルで水けを拭く。

2 ボウルに**A**を入れてよく混ぜ、**1**を加えてあえる。

・れんこんが大きい場合は半月切りにしてください。水にさらしてからゆでることでシャッキリとした食感に仕上がります。

・体を温めるにらは、同じく体を温めるみそと好相性。体が温まると血の巡りもよくなります。

ハムと豆苗のごまみそサラダ

ほんとにパパッと作れるサラダ。たっぷりのごまで風味豊かに。

［材料と下準備］ 2人分

ロースハム … 2枚
▶細切りにする

豆苗 … 1パック 冷 安 解
▶根元を切り落とし、長さを3等分に切る

すりごま（白）… 大さじ2

A みそ … 大さじ1
しょうゆ … 小さじ1/2
ごま油 … 小さじ2

1 ボウルに**A**を入れてよく混ぜ、ハムと豆苗を加えて混ぜる。すりごまを加え、さっとあえる。

・ロースハムの代わりにちくわやプロセスチーズで作ってもOK。

焼きレタスのにんにくみそサラダ

豪快に焼いたレタスに、パンチの効いたたれを合わせます。

[材料と下準備] 2人分

レタス … 1/2個(300g) 冷 水 腸
▶芯をつけたまま縦半分に切る

A
- にんにく(すりおろし) … 少々
- みそ … 大さじ1と1/2
- 酒 … 大さじ1と1/2
- みりん … 大さじ1と1/2
- 水 … 大さじ1と1/2
- しょうゆ … 大さじ1/2

▶よく混ぜ合わせる

オリーブオイル … 小さじ1

1 フライパンにオリーブオイルを強火で熱し、レタスを切り口から入れて1分ほど焼く。もう片方の切り口も同様に焼き、器に盛る。

2 **1**のフライパンに**A**を入れて中火で熱し、煮立ったらレタスにかける。

・レタスは焼きすぎると水分が出るので、強火でさっと焼く程度にしましょう。

鶏肉のみそ照り焼きとナッツのサラダ

食べごたえある鶏もも肉に、ナッツのアクセント。堂々たる主菜になるボリュームサラダです。

[材料と下準備] 2人分

鶏もも肉
…1枚（300g） 温 力 齢
▶余分な脂肪を取り除いてひと口大に切り、塩・こしょう各少々をふり、小麦粉大さじ1/2をまぶす

ミックスナッツ（無塩・ロースト済み）
…30g 腸
▶粗く刻む

グリーンカール … 葉3枚（45g）
▶食べやすい大きさにちぎる

A みそ … 大さじ2
みりん … 大さじ1と1/2
水 … 大さじ1
酢 … 大さじ1/2
▶よく混ぜ合わせる

サラダ油 … 大さじ1/2

1 フライパンにサラダ油を強めの中火で熱し、鶏肉を皮面から入れて2〜3分焼く。焼き色がついたら上下を返し、弱めの中火で4分ほど焼く。

2 **A**とミックスナッツを加え、照りが出るまで煮からめる。

3 器にグリーンカールを盛り、**2**をのせる。

・脂質を多く含むナッツ類は腸の巡りをよくします。さらに、くるみにはアンチエイジングや体を温める効能があり、アーモンドには肺を潤わせ、せき止めの効能があります。

鶏胸肉のピリ辛みそサラダ

しっとり仕上げた鶏胸肉とみずみずしいレタスを辛みを効かせたたれでさっぱりいただきます。

［材料と下準備］ 2人分

鶏胸肉 … 小1枚（250g） 温 カ 齢
▶皮があれば取り除き、厚みがある部分に切り込みを入れ、砂糖小さじ1と塩小さじ1/2をもみ込んで10分ほどおく

レタス … 葉3枚（45g）
▶長さ6cm、幅1cmに切る

しょうが … 1かけ
▶みじん切りにする

赤唐辛子 … 1本
▶小口切りにする

A 酒 … 50mℓ
水 … 50mℓ

B みそ … 大さじ2
水 … 大さじ2
みりん … 大さじ1
▶よく混ぜ合わせる

ごま油 … 大さじ1

1 フライパンに鶏肉と**A**を入れて強火で熱し、煮立ったらふたをして、強火のまま1分ほど、さらに弱火にして6分ほど蒸し煮にする。火を止め、そのまま30分ほどおいて鶏肉を取り出し、食べやすい大きさに切る。

2 別のフライパンにごま油、しょうが、赤唐辛子を入れて弱めの中火で熱し、香りが立ってきたら**B**を加えて混ぜ、煮立てる。

3 器にレタスを盛り、鶏肉をのせ、**2**をかける。

・鶏胸肉はぱさつきやすいので加熱時間を最小限にし、余熱でじんわり火を通してしっとりと仕上げます。

豚肉と香菜のみそジンジャーサラダ

和風のような、エスニック風のような——
新鮮なおいしさがある主菜サラダです。

[材料と下準備] 2人分

豚ロース薄切り肉（しょうが焼き用）… 6枚（180g）
▶長さを半分に切り、小麦粉小さじ2をまぶす

香菜 … 4株　安 免 消
▶長さ4cmに切る

サニーレタス … 葉3枚（45g）
▶食べやすい大きさにちぎる

しょうが … 1かけ　免
▶せん切りにする

A みそ … 大さじ1
みりん … 大さじ1
水 … 大さじ1
しょうゆ … 大さじ1/2
▶よく混ぜ合わせる

サラダ油 … 大さじ1/2

1 フライパンにサラダ油を中火で熱し、豚肉を焼く。焼き色がついたら上下を返し、**A**を加えて煮立てる。

2 ボウルに香菜、サニーレタス、しょうがを入れてさっと混ぜ、**1**を加えて混ぜる。

・豚肉は食べごたえを出すため、少し厚みのあるしょうが焼き用を使いましたが、普通の薄切り肉でも構いません。

鮭のみそ漬けと豆腐タルタルのサラダ

味わい深い鮭に豆腐のドレッシングを合わせます。生だらやさばでもおいしくいただけます。

[材料と下準備] 2人分

A 生鮭（切り身）… 2切れ 温 力 流
▶骨を取り除いて4等分に切る
酒 … 大さじ1と1/2
みそ … 大さじ1
みりん … 大さじ1/2
▶容器に鮭以外の材料を入れて混ぜ、鮭を加えてからめ、表面を覆うようにぴったりとラップをして冷蔵室で30分ほどおく

木綿豆腐 … 1/2丁（150g）
▶ペーパータオルで包んで耐熱容器に入れ、ラップをせずに電子レンジで2分30秒ほど加熱し、そのまま冷ます

玉ねぎ … 1/8個 温 流
▶みじん切りにし、水に5分ほどさらして水けをきる

ベビーリーフ … 40g

B みそ … 大さじ1
酢 … 小さじ1
塩 … ふたつまみ
▶よく混ぜ合わせる

七味唐辛子（好みで）… 適量

1 ボウルに豆腐を入れてフォークの背でつぶし、玉ねぎと**B**を加えて混ぜる。

2 魚焼きグリルを強火で熱し、**A**の鮭を調味液を軽くぬぐってからのせ、中火で両面に焼き色がつくまで5〜6分焼く。

3 器にベビーリーフを盛り、鮭をのせ、**1**をかけて七味唐辛子をふる。

・魚焼きグリルは両面焼きを使用。片面焼きグリルの場合は途中で上下を返し、加熱時間も調節してください。
・豆腐タルタルが余ったら、フライやから揚げにかけてもおいしいです。

column
3

ハーブのサラダ

ディル、豆、じゃがいものサラダ

ディルは胃の調子を整えてくれるハーブ。
ほくほく食材といっしょに！

[材料と下準備] 2人分

ディル … 3枝　温 消
▶葉を摘み、粗く刻む

ミックスビーンズ（ドライパック）… 100g

じゃがいも … 小2個（200g）　力 消
▶2cm角に切り、水に10分ほどさらして水けをきる

A にんにく（すりおろし）… 少々
レモン果汁 … 小さじ2
塩 … 小さじ1/4
オリーブオイル … 大さじ1

オリーブオイル … 大さじ1/2

1 フライパンにオリーブオイルを中火で熱し、じゃがいもを入れてふたをし、弱めの中火で5分ほど蒸し焼きにする。全体をさっと混ぜ、さらに3分ほど蒸し焼きにする。

2 ボウルに**A**を入れてよく混ぜ、ディル、ミックスビーンズ、じゃがいもを加えてあえる。

・ディルの代わりにパセリやバジルで作ってもおいしいです。

バジルとささみのサラダ

鶏肉と好相性のバジル。さっぱりとした
しょうゆドレッシングでいただきます。

ハーブは世界中で薬や食材として愛用されてきました。
日本でも手に入りやすいこれらのハーブを使えば、
サラダはまたぐんとおいしく、香り豊かになります。
もちろん薬膳的な効能もたくさん！

［材料と下準備］ 2人分

バジルの葉 … 8〜10枚　安　水　流

鶏ささみ … 2本（120g）

▶筋を取り、縦に切り込みを入れ、そこから左右に包丁を寝かせて切り込みを入れて開く。耐熱皿にのせて酒大さじ1をふり、ふんわりとラップをして電子レンジで1分30秒〜2分加熱し、そのまま冷まして食べやすい大きさに裂く

グリーンカール … 葉3枚（45g）

▶食べやすい大きさにちぎる

ドレッシング

A レモン果汁 … 小さじ2
　しょうゆ … 小さじ2
　砂糖 … ふたつまみ
　粗びき黒こしょう … 適量
オリーブオイル … 大さじ1

▶**A**を均一になるまで混ぜ合わせ、
オリーブオイルを加えてよくなじませる

1　ボウルにささみとグリーンカールを入れて混ぜ、バジルをちぎって加え、さっと混ぜる。

2　器に盛り、ドレッシングをもう一度よく混ぜてからかける。

・バジルの代わりにディルや青じそで作ってもOKです。

ミントとパプリカのサラダ

風邪の生薬にもなるミントの香りが
すっきりと心地よく広がるサラダ。

［材料と下準備］ 2人分

ミントの葉 … 3g　免
▶粗く刻む

パプリカ（黄）… 1個（200g）　安　消
▶4つ割りにしてから幅1cmの斜め切りにする

玉ねぎ … 1/2個（100g）　安　消
▶薄切りにする

A にんにく（すりおろし）… 少々
酢 … 小さじ2
砂糖 … 小さじ1/2
塩 … 小さじ1/4
オリーブオイル … 大さじ1

1　耐熱ボウルにパプリカ、玉ねぎの順に入れ、ふんわりとラップをして電子レンジで1分30秒ほど加熱し、そのまま冷まして水けをきる。

2　ボウルに**A**を入れてよく混ぜ、ミントと**1**を加えてあえる。

・ミントは熱からくる風邪の生薬としても使用されています。のどの腫れや痛み、発汗を伴う高熱、粘りのある鼻水が出るときなどにもおすすめのサラダです。
・ミントの代わりにタイムやディルでも合います。

ルッコラとオレンジのサラダ

ルッコラのほのかな苦みがオレンジの甘さを引き立たせます。

[材料と下準備] 2人分

ルッコラ … 40g
▶長さ4cmに切る

オレンジ … 1個　安 消
▶厚さ1cmのいちょう切りにする

モッツァレラチーズ（ひと口タイプ）
… 6〜7個（30g）

A 酢 … 小さじ2
塩 … 小さじ1/4
オリーブオイル … 大さじ1

粗びき黒こしょう … 適量

1 ボウルにAを入れてよく混ぜ、ルッコラ、オレンジ、モッツァレラチーズを加えてあえる。

2 器に盛り、粗びき黒こしょうをふる。

・オレンジの代わりにグレープフルーツやいちごで作ってもおいしいです。
・モッツァレラチーズは大きいものを食べやすい大きさに切って使用しても。

齋藤菜々子

料理家、国際中医薬膳師。一般企業に就職後、忙しい日々の中で料理を作ること、食べることが心身の充実につながることを実感し、料理家に転向。料理家のアシスタントを務めながら、日本中医食養学会、日本中医学院にて中医学を学び、国際中医薬膳師の資格を取得。独立後は「今日からできるおうち薬膳」をモットーに、親しみやすい家庭料理のレシピを提案している。２０２１年、初の著書『基本調味料で作る体にいいスープ』（主婦と生活社）が、第８回料理レシピ本大賞で「【料理部門】入賞」と「プロの選んだレシピ賞」のＷ受賞を果たした。ほか、『基本調味料で作る体にいい作りおき』『体にいい食材帳』（ともに主婦と生活社）など著書多数。
https://nanakoyakuzen.amebaownd.com

調理補助　沓澤佐紀　髙橋あかね
撮影　相馬ミナ
スタイリング　駒井京子
デザイン　高橋朱里（マルサンカク）
文　佐藤友恵
校閲　安藤尚子　河野久美子
編集　小田真一

撮影協力　ＵＴＵＷＡ

読者アンケートに
ご協力ください

この度はお買い上げいただきありがとうございました。『基本調味料で作る体にいいサラダ』はいかがだったでしょうか？　右下のＱＲコードからアンケートにお答えいただけると幸いです。今後のより良い本作りに活用させていただきます。所要時間は５分ほどです。

＊このアンケートは編集作業の参考にするもので、ほかの目的では使用しません。詳しくは当社のプライバシーポリシー（https://www.shufu.co.jp/privacy/）をご覧ください。

基本調味料で作る体にいいサラダ

著　者　齋藤菜々子
編集人　東田卓郎
発行人　殿塚郁夫
発行所　株式会社主婦と生活社
〒１０４－８３５７ 東京都中央区京橋３－５－７
編集部　☎０３－３５６３－５１２９
販売部　☎０３－３５６３－５１２１
生産部　☎０３－３５６３－５１２５
https://www.shufu.co.jp
jituyou_shufusei@mb.shufu.co.jp

製版所　東京カラーフォト・プロセス株式会社
印刷所　共同印刷株式会社
製本所　株式会社若林製本工場

ISBN978-4-391-15901-1